ADAC

Teneriffa

von Nele-Marie Brüdgam und Oliver Breda

10 ADAC Top Tipps

Das müssen Sie gesehen haben! Die zehn Top Tipps bringen Sie zu den absoluten Highlights.

25 ADAC Empfehlungen

Unterwegs gut beraten: Diese 25 ausgesuchten Empfehlungen machen Ihren Urlaub perfekt.

Preise für ein DZ mit Frühstück:

€ | bis 100 €
€€ | bis 150 €
€€€ | ab 150 €

Preise für ein Hauptgericht:

€ | bis 12 €
€€ | bis 20 €
€€€ | ab 20 €

3-mal draußen

1 Durch Teneriffas Nationalpark

Im Teide-Nationalpark können Wanderer faszinierende Einblicke in Botanik und Geologie erlangen. Außergewöhnliche Gesteinsformationen und üppige Blütenpracht begleiten die markierten Wanderwege. Spektakulär, kurz und knackig ist etwa der Rundweg PNT 03 Roques de García (ca. 2 Std.). Ganz in der Nähe verläuft der kurze PNT 26 durch die Ebene Llano de Ucanca. Eindrucksvoll ist auch der Weg PNT 13 Sámara (ca. 2,5 Std.).

■ www.tenerifeon.es/de (mit allen offiziell markierten Wegen) und App Tenerife ON

2 Vulkane, Wälder, Küsten

Teneriffa ist ein Paradies für Radfahrer mit vielfältigen Strecken aller Schwierigkeitsgrade, von Küstenwegen bis hin zu bergigen Anstiegen im Teide-Nationalpark. Die Südküste ist flacher und eignet sich für gemütliche Touren entlang malerischer Strände. Ambitionierte Fahrer wagen sich an die Herausforderung der Bergstraßen, die anspruchsvolle Steigungen und spektakuläre Ausblicke auf den Vulkan Teide bieten. Der Norden punktet mit grünen Tälern und kurvenreichen Straßen.

■ Tourenvorschläge: www.webtenerife.de/aktivitaten/sportarten/land/biken

3 Die Welt der Meeressäuger

Wale Watching vor Teneriffa ist ein faszinierendes Abenteuer. Man taucht in die Welt der majestätischen Meeressäuger ein und erlebt die Vielfalt der maritimen Lebensräume vor malerischer Kulisse. Die meisten Schutzorganisationen sind sich einig, dass Whale Watching, wenn es sanft und nach bestimmten Regeln geschieht, vertretbar ist und für das Leben im Meer sensibilisiert. Inzwischen halten sich viele Anbieter auf Teneriffa an die Internationalen Abstandsregeln und Lärmschutzmaßnahmen. Vorbildliche Anbieter von Touren sind etwa:

■ Whale Wise Eco Tours, Los Gigantes, whalewise-ecotours.com und Bondea II Diomeda, Costa de Adeje, bonadea2catamaran.com

Seite 19

Seite 42

Seite 26

Seite 22

Im Blickpunkt

Seite 48

Unterwegs

ADAC Quickfinder

Seite 63

Seite 75

Zu diesen Orten und Sehenswürdigkeiten finden Sie Detailkarten im Innenteil des Reiseführers.

Service

Umschlag:

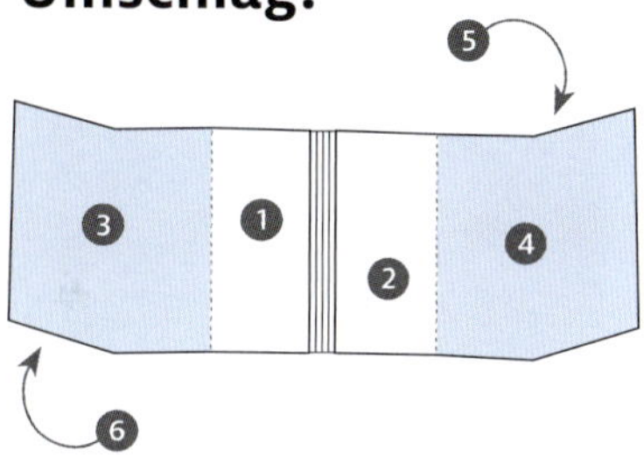

ADAC Top Tipps: Vordere Umschlagklappe, innen 1

ADAC Empfehlungen: Hintere Umschlagklappe, innen 2

Übersichtskarte Teneriffa: Vordere Umschlagklappe, innen 3
Übersichtskarte Der Süden: Hintere Umschlagklappe, innen 4
Stadtplan Santa Cruz de Tenerife: Hintere Umschlagklappe, außen 5
Ein Tag in Santa Cruz: Vordere Umschlagklappe, außen 6

Teneriffa, was ist dein Geheimnis?

Was macht den Zauber der Insel aus, warum lieben sie so viele Menschen? Der Versuch einer Erklärung …

Der Besuch der Vulkanlandschaft rund um den Teide ist ein unvergessliches Erlebnis

Vielleicht sind es die Farben der Erde und Vulkangesteine, mal dunkelgrau, mal rötlich, lila, beige oder gelblich. Dazu die Formen, kleine Vulkankegel hier und da, erkaltete Lavaströme – wie Standbilder schwarzer, wilder Flüsse. Plötzlich auftauchende massive Felswände. Und vereinzelte Felsnadeln, die aus den Ebenen ragen wie erhobene Zeigefinger. Über alldem erhebt sich der Teide, mit 3718 m der höchste Berg Spaniens und aller atlantischen Inseln. So sieht es aus im Teide-Nationalpark im Zentrum Teneriffas – und, ja, vielleicht ist es diese Landschaft, die den ureigenen Zauber der Insel ausmacht. Über eine Fläche von 190 km^2 breitet sich der Nationalpark im Landesinneren aus. Die meisten Urlauber kommen einmal hierher, viele von ihnen nehmen die Seilbahn auf den Teide, manche wandern auf einem der 20 gut ausgebauten Wege. Oder sie fahren einfach mit dem Auto herum, von Aussichtspunkt zu Aussichtspunkt durch die fantastische Natur. Schon Alexander von Humboldt, der im Jahr 1799 eine Woche auf Teneriffa verbrachte und den Gipfel des Teide erklomm, war fasziniert von den Landschaftsbildern.

Vielleicht sind es aber auch die dichten alten Nebelwälder, die die einsamen Gebirgsregionen der Insel bedecken? Oder die alten Dörfer und Städtchen mit ihren farbenfrohen Häusern? Vielleicht ist es das moderne Teneriffa mit seinen zahlreichen Luxushotels? Wer weiß es schon, was das Geheimnis dieser Insel ist – was sie so einzigartig macht und zum Sehnsuchtsziel so vieler Menschen werden lässt?

Große, reiche Insel

Teneriffa ist mit 2034 km^2 die größte der Kanarischen Inseln, hier vereint sich landschaftlicher und kultureller Reichtum. 48 % der Inselfläche stehen unter Naturschutz, der Nationalpark ist Weltnaturerbe. Das Anaga-Gebirge im Norden: UNESCO-Biosphärenreservat. Die Stadt La Laguna: UNESCO-Weltkulturerbe. Und die Hauptstadt Santa Cruz hat mehr als 200 000 Einwohner und alles, was eine moderne spanische Metropole ausmacht: ein Konzert- und Opernhaus, Museen, Kunstgalerien, grüne Parks, viel Gastronomie, prächtige Plätze, eine Shoppingmeile …

Hoch über den Wolken in der Gipfelregion des Teide (unten) – Terrassencafés in der Altstadt von Santa Cruz (ganz unten)

Viele Urlauber, die in den Hotelburgen an künstlichen Sandstränden im Süden Teneriffas wohnen, ahnen von alledem kaum etwas. Vielleicht ahnen sie auch nicht, wie schlimm die Küstenregion teils aus der Ferne aussieht, vor allem, wenn man von Costa Adeje Richtung

» Ich kann diesen Anblick nur mit den Golfen von Genua und Neapel vergleichen, aber das Orotava-Tal übertrifft sie bei weitem durch seine Ausmaße und die Reichhaltigkeit seiner Vegetation. «

Alexander von Humboldt

Süden blickt: ein Meer wenig ansehnlicher Hotelhochhäuser. Wobei es auch hier bisweilen schöne Facetten gibt, etwa die Uferpromenade, weitab vom Straßenverkehr und an die 10 km lang.

Von der Sonne verwöhnt

Alle natürlichen Strände der Insel haben grauen bis fast schwarzen Sand, die meisten sind recht klein und finden sich, umgeben von dramatischen Steilküsten, überwiegend im Norden und Osten Teneriffas. Dass das touristische Zentrum an der Südküste entstand, mit Orten wie Los Cristianos, Playa de las Américas oder Costa Adeje, liegt am Klima. Im Süden ist es so heiß, dass kaum Landwirtschaft möglich ist und reichlich Platz für Touristen bleibt, die die pralle Sonne lieben. Über dem Norden und Osten hingegen hängen oft dichte Wolken, die für reiche Erträge auf Weingütern und Bananenplantgen sorgen – und die tinerfenischen Wälder saftig grün gedeihen lassen. In diesen Regionen fühlen sich Wanderer und andere Aktivurlauber am wohlsten. Allerdings befindet sich im Nordosten, nahe der Hauptstadt Santa Cruz, auch

Bereits Ende des 19. Jh. kamen die ersten Kurgäste nach Puerto de la Cruz

ein ganz besonderer Strand – ja, vielleicht sogar der schönste: Die Playa de las Teresitas ist 1300 m lang, sehr breit, hat goldfarbenen Wüstensand (aus der Sahara importiert), künstliche Wellenbrecher, viele Palmen und alles, was an Annehmlichkeiten sonst noch so vorstellbar ist. Ausländische Touristen kommen kaum, dafür umso mehr Ausflügler aus Santa Cruz. Und zwar vor allem im Sommer: Dann ist auch hier der Himmel oft wolkenlos.

Gerade wegen des milden Klimas wählten die Engländer, die Teneriffa vor gut 100 Jahren als Urlaubsinsel entdeckten, Puerto de la Cruz an der Nordküste zu ihrem Lieblingsreiseziel. Noch heute mischen sich Tourismus und spanischer Alltag auf charmante Weise in der Stadt, sie hat gut 30 000 Einwohner und rund 23 000 Gästebetten. Und dazu eine einzigartige Strandlandschaft: Der Künstler César Manrique, der auf Lanzarote geboren wurde und lebte, gestaltete die Playa Jardín mit feinem dunklen Sand, Promenaden auf mehreren Ebenen, Kaktusgärten und einem Wasserfall.

Wer Ruhe und pure Natur bevorzugt, findet sein Paradies im stark zerklüfteten Anaga-Gebirge, an dessen Hängen dichter Urwald wächst, Millionen Jahre alt. Ähnlich ist das Landschaftsbild im Teno-Gebirge im Nordwesten.

Wer quirliges Großstadtleben bevorzugt, kann in Santa Cruz in den echt tinerfenischen Alltag eintauchen. Wer Wassersport treiben möchte, hat eine riesige Auswahl, von Windsurfen und Wellenreiten über Kajakfahren und Stand Up Paddling bis hin zum Tauchen. Der Möglichkeiten, seinen Urlaub zu gestalten, gibt es viele, und vielleicht ist es genau das: diese unfassbare Vielfalt auf kleinem Raum, die Teneriffa wirklich einzigartig macht.

Hauptstadt *Santa Cruz de Tenerife (ca. 210 000 Einw.)*

Sprache *Spanisch*

Währung *Euro*

Staatsform *Parlamentarische Monarchie*

Verwaltung *Die Insel bildet gemeinsam mit La Gomera, La Palma und El Hierro die spanische Provinz Santa Cruz de Tenerife.*

Fläche *2034 km² (etwas kleiner als das Saarland)*

Einwohner *978 000*

Tourismus *Über 5 Mio. Touristen jährlich, Tendenz steigend. Die meisten sind Briten, gefolgt von Spaniern und Deutschen.*

Religion *Überwiegend römisch-katholisch*

Darauf sind die Tinerfeños besonders stolz *Die Guanchen, die sich nach heldenhaften Kämpfen als letzte Ureinwohner der Kanarischen Inseln den Konquistadoren ergaben*

Das lieben alle Tinerfeños *Den Karneval*

Darin ist Teneriffa Weltklasse *Beste Konditionen für astrophysische Beobachtungen auf der Nordhalbkugel (zusammen mit der Nachbarinsel La Palma und Hawaii)*

Magazin

Teneriffas Süden und Südwesten repräsentieren das, wovon die meisten Urlauber träumen: Strand, Meer, Palmen und viel Sonne. Lange Strände und kleinere Buchten reihen sich hier aneinander. Die Playa del Duque befindet sich im Norden der Costa Adeje – dort, wo die Hotels, Restaurants und Geschäfte elegant sind und die Preise relativ hoch.

Teneriffas Nordküste ist ein Paradies für alle, die sattgrüne Landschaft mögen, die gern wandern und sich in dörflicher Umgebung wohlfühlen. Aber auch eine quirlige, historisch gewachsene Stadt gibt es hier: Puerto de la Cruz. Und im Hintergrund ragt der Teide empor, der 3718 m hohe Vulkankegel.

Der schöne Park ist nur ein Grund, den Ort La Orotava zu besuchen. Herrschaftliche Häuser aus dem 16. bis 18. Jh. sind weitere Gründe. Vor allem aber macht die authentische Atmosphäre La Orotava so attraktiv. In den Lokalen dröhnt keine laute Partymusik für Touristen, und die Geschäfte bieten echtes Kunsthandwerk statt billiger »Souvenirs« aus China.

Beste Reisezeit Teneriffa

	März	April	Mai
Temperatur min./max.	16°/20°	17°/20°	18°/22°
Sonnenstunden/Tag	8	8	8
Regentage im Monat	2	1	0
Wassertemperatur	19°	19°	20°

Die Bedeutung der Symbole:
(Angaben sind Mittelwerte)

9° 18° Temperatur min./max.

Sonnenstunden/Tag

Regentage im Monat

Wassertemperatur

FRÜHLING

Wann reist man am besten nach Teneriffa? Immer! Das Schlagwort »Ganzjahresreiseziel« trifft voll auf die Insel zu. Im Frühling macht die Natur sich hübsch – wilde, eigenartige Pflanzen blühen.

Man muss kein ausgesprochener Blumenliebhaber sein, um die Blüte des Tajinaste großartig zu finden. Die endemische Pflanze trägt auf Deutsch den Namen Roter Wildprets Natternkopf, sie wächst im Teide-Nationalpark und ist die größte Blütenzauberin der Insel. Die konischen Blütenstände können bis zu 2 m hoch werden, von Mitte Mai bis Mitte Juni tragen sie unzählige kleine rote Blüten. Der Anblick ist so eindrucksvoll, dass viele Inselbewohner Jahr für Jahr aus diesem Anlass hoch in den Nationalpark fahren. In derselben Region blüht gelb die Teide-Rauke, in manchen Jahren bedecken die leuchtenden Büsche weite Flächen. Auch das zarte Teide-Veilchen mit seinen bläulich-violetten Blüten kann man hier entdecken.
Für Wanderer sind jetzt die Temperaturen angenehm, wer baden möchte, muss die Zähne zusammenbeißen: Die Wassertemperatur ist im Frühjahr am niedrigsten, sie liegt um 19 °C. Im Norden der Insel kann es recht oft regnen, der Süden hat ab April nur wenige Regentage.
In der Karwoche machen viele Spanier Urlaub. In Santa Cruz de Tenerife und in Orten, die nicht ausschließlich vom Tourismus leben, schließen in dieser Zeit manche Geschäfte und Restaurants. Die Hotelpreise sind recht hoch, da nicht nur Nord- und Mitteleuropäer gern über Ostern nach Teneriffa reisen, sondern auch Festlandspanier auf die Insel kommen.

Die Blütezeit der Tajinaste (Wildprets Natternkopf) am Teide ist ein spektakuläres Ereignis

Im Sommer gehört die Costa Adeje den Badegästen, doch das Meer erwärmt sich nur langsam

SOMMER

Plötzlich hört man ganz viel Spanisch: Jetzt ist Hochsaison für Gäste von der Iberischen Halbinsel. Fiesta, Fiesta allenthalben: Der Sommer ist die Saison der Dorffeste und Bootsprozessionen.

Während Deutsche im Sommerurlaub den knalligen Sonnenschein an der Costa Brava oder an der extra heißen Costa del Sol lieben, fliehen Festlandspanier gern vor der Hitze und reisen auf die Kanarischen Inseln, wo eher milde Temperaturen herrschen. Seit Nordafrika und die Türkei nicht mehr zu den beliebtesten Reisezielen gehören, sind auf Teneriffa zwar auch Mittel-, Ost- und Nordeuropäer anzutreffen, aber man hört zu dieser Jahreszeit in den Touristenzentren mehr Spanisch als andere Sprachen.

Mit den Fiestas de San Juan läuten die Tinerfeños den Sommer ein, an vielen Stränden entzünden sie am 23. Juni große Feuer. Überhaupt gibt es in der warmen Jahreszeit allerlei zu feiern: viele Dorffeste und Ehrentage von Schutzheiligen, oft verbunden mit Bootsprozessionen auf dem Meer. Das wichtigste Fest dieser Art ist die Fiesta de la Virgen del Carmen in Puerto de la Cruz immer am Dienstagabend vor dem 16. Juli.

Aktivurlauber bevorzugen jetzt den Inselnorden, denn das Wolkenmeer, das sich ganzjährig an vielen Tagen über der Nordküste ausbreitet und an die zentralen Gebirgsränder schwappt, sorgt für angemehme Bedingungen für Sportler: Während im Juli die durchschnittlichen Tageshöchsttemperaturen im Süden bei ca. 28 °C liegen, ist es im Norden drei Grad kälter, und die Sonne ist weniger häufig zu sehen. Entsprechend enttäuschte Gesichter sieht man bei Urlaubern, die einen Sommer-Sonne-Badeurlaub machen wollten und versehentlich in Puerto de la Cruz gelandet sind.

Juni	Juli	Aug.
20° 24°	22° 27°	23° 27°
9	10	10
0	0	0
21°	22°	23°

HERBST

Sept.	Okt.	Nov.
22° 26°	20° 24°	18° 22°
8	7	7
1	2	2
24°	23°	22°

Sommerwetter, wunderbare Wassertemperaturen, ganz viel Ruhe und günstige Preise: Der Herbst ist traumhaft auf Teneriffa – vor allem im November. Nur auf blühende Natur muss man jetzt verzichten.

Den Sommer verlängern (bzw. nachholen, wenn er zu Hause mal wieder ausgefallen ist): Das geht auf Teneriffa allerbestens. Vor allem wegen der Wassertemperaturen. Sie sind im Herbst die höchsten des Jahres, im September und Oktober um die 24 bzw. 23 °C und manchmal sogar höher, auch im November ist das Wasser noch über 20 °C warm. Auch die Lufttemperaturen entsprechen denen in schönen nordeuropäischen Sommern: im Oktober tagsüber im Maximum um 24 °C im Inselsüden, um 21 °C Grad im Norden. Regen fällt selten, lediglich im Norden muss man – wie auch im Frühling und im Winter – mit dem einen oder anderen Regenfall rechnen, das ist der Preis für die reiche Vegetation.

Vor allem bei Aktivurlaubern stehen die milden Herbstmonate hoch im Kurs

Während in Teneriffas Süden sowie im Zentrum die Pflanzenwelt weitgehend ergraut, bleiben der Norden und Nordosten schön grün. Die einzige klimatische Unannehmlichkeit bringt möglicherweise die Calima, ein Wetterphänomen, bei dem heißer Wind aus der Sahara die Temperaturen in die Höhe treibt und die Luft mit feinem Sandstaub füllt. Dann kann das Thermometer auf 35 °C im Schatten oder höher klettern, obwohl die Sonne kaum zu sehen ist. Früher gab es die Calima vor allem in den Sommermonaten und auch nur an wenigen Tagen, in den letzten Jahren ist sie auch im Herbst vorgekommen und hielt manchmal länger an.

Für alle, die Ruhe suchen, ist der November der ideale Reisemonat: Jetzt kommen die wenigsten Touristen, nirgendwo sind Schulferien. Das hat auch eine spürbare Auswirkung auf die Hotel- und Flugpreise, die nach den Herbstferien merklich sinken.

WINTER

Die Jahreszeit der Kontraste: Touristenzentren im Dämmerschlaf – und absolute Hochsaison. Schnee im Gebirge und herrliches Badewetter an der Küste, Regenreichtum und heißer Karneval.

Erst mal Schneebälle werfen und am selben Tag noch in der Badehose am Strand liegen: Das geht auf Teneriffa ziemlich sicher im Januar und Februar. Schnee bedeckt den Gipfel des Teide in jedem Winter und ist auch aus der Ferne gut sichtbar, manchmal bedeckt Schnee sogar weite Teile des Teide-Nationalparks. Hoch ist die Schneeschicht nicht, aber das macht gerade den Reiz aus: eine dünne, weiße Puderzuckerschicht bedeckt die vielfarbig durchscheinende Lava.

Und im Süden, an den Stränden von Los Cristianos oder El Médano beispielsweise, ist es zur gleichen Zeit angenehme 18°C warm. Zugleich sind die Monate November bis Januar die regenreichsten, im Inselnorden mit acht bis neun Regentagen im Monat.

Während es Anfang Dezember noch sehr ruhig ist in den Touristenzentren – und die Hotelzimmer wenig kosten –, herrscht rund um Weihnachten und Silvester absolute Hochsaison. Nach Neujahr geht die Touristenflut dann allmählich wieder zurück.

Richtig frühlingshaft wirkt die Insel während der Mandelblüte, die oft schon im Januar beginnt. Die meisten Mandelbäume gedeihen rund um Santiago del Teide im Nordwesten, mehrere Wanderwege führen durch das Gebiet. Highlight im Februar ist der Karneval in Santa Cruz, ein riesiges Spektakel mit pompösen Kostümen, viel Alkohol, Flirts, Livemusik und Tanz – dass zugleich ganz in der Nähe noch Schnee liegt, ist inmitten der feiernden Menschenmengen kaum vorstellbar.

Dez.	Jan.	Feb.
16° 19°	15° 18°	15° 18°
7	6	7
4	2	2
21°	20°	19°

Eine feine Schneeschicht bedeckt im Winter die Gipfelregionen des 3718 m hohen Teide

Da auch in den Abendstunden milde Temperaturen herrschen, kann man, wie hier in Puerto de la Cruz, beinahe rund ums Jahr im Freien essen

Derbe Eintöpfe und Sushi-Sensationen

Wie schmeckt die traditionelle, wie die aktuelle Küche? Wo kommt auf Teneriffa der Fisch her, worauf sollte man beim Marktbummel achten? Gut essen heißt, Bescheid zu wissen.

Die traditionelle kanarische Küche entspricht ziemlich genau dem Gegenteil dessen, was man sich unter leichter, südeuropäischer Sommerküche vorstellt. Sie besteht nämlich vor allem aus derben Fleischeintöpfen. Der Klassiker heißt »puchero canario«, Zutaten sind Rindfleisch, Huhn, Speck und Chorizo (fette Paprikawurst), Kichererbsen, Gemüse, Kartoffeln, Zwiebeln, Knoblauch und viel Paprikapulver. Doch selbstverständlich haben sich auf der vielseitigen, weltoffenen Insel schon lange auch internationale Küchentrends durchgesetzt, von iberischen Tapas über Pizza und Hamburger bis hin zu feinen Fusion-Speisen oder japanischer Gourmetküche.

HAUPTSACHE FISCH UND FLEISCH? JA, ABER VEGAN GEHT'S AUCH

Für die allermeisten Tinerfeños und auch für Touristen gehört zu einer »echten« Mittags- oder Abendmahlzeit ein Stück Fleisch oder Fisch. Typische Fischarten, die rund um Teneriffa vorkommen, sind Sardine (»sardina«), verschiedene Barscharten (»besugo«, »mero« und »cherne«), der atlantische Papageifisch (»vieja«), Meerbrasse (»corvina«) und diverse Tintenfischarten (»pulpo«, »calamar«, »choco«, »sepia«, »chipirón«). Von vielen anderen Fischarten vermutet man zu Unrecht, sie seien frisch aus dem Meer gefischt. Thunfisch (»atún«, »bonito«), Seezunge (»lenguado«) oder Dorade (»dorada«) gelangen oft von weiter her oder stammen aus Aquakulturen. Fisch kommt meist gegrillt auf den Teller, in Begleitung von Salat und »papas con mojo«. Jene kleinen Kartoffeln werden mit Schale in sehr salzigem Wasser gekocht, bis das Wasser verdampft ist und sich eine Salzkruste um die Knolle gebildet hat. Dazu gibt es fast immer zweierlei kalte Soßen: rote Paprika- und grüne Kräutersoße, jeweils stark gewürzt.

Tierzucht spielt auf der Insel eine geringe Rolle, bis auf Ziegen-, Kaninchen- und Hühnerfleisch wird fast alles aus Spanien oder dem Ausland importiert. Die Tinerfeños lieben Fleischgelage, besonders am Wochenende. In oder vor Ausflugslokalen werden dann Feuer entfacht und Berge von Huhn, Schweine- und Lammkoteletts sowie Rindfleischspieße gegrillt. Aber auch Vegetarier müssen auf Teneriffa nicht hungern. In Touristenzentren wie in Städten bieten viele Restaurants vegetarische Menüs, allerdings gehören sie meist der gehobenen Kategorie an. Für Veganer gibt es mehrere gute Adressen in der Studentenstadt La Laguna.

BULETTEN, FRITTEN UND STERNEKÜCHE

Egal, wonach einem gerade der Sinn steht, auf Teneriffa muss man wirklich auf nichts verzichten. Das gilt auch für Gäste aus der Ferne, insbesondere für Briten, die im Inselsüden und in Puerto de la Cruz viele Möglichkeiten haben, typische Pub-Küche zu genießen, abends oft begleitet von Livemusik britischer Bands. Wer seine deutschen Essgewohnheiten im Urlaub nicht ablegen möchte, darf gleichfalls beruhigt sein: Ob Bulette mit Fritten, ob Sauerfleisch, Gulasch, Weißwurst oder Döner – diese und ähnliche Delikatessen sind auf der Insel garantiert zu finden.

Gegrillter Oktopus mit »papas arrugadas«, den kanarischen Runzelkartoffeln

Andererseits gehören kulinarische Spitzenleistungen mittlerweile zu den gastronomischen Selbstverständlichkeiten. Als einzige kanarische Insel hat Teneriffa Restaurants, die Michelin-Sterne zieren – zwei allein im Hotel The Ritz-Carlton, Abama (S. 143), zwischen Playa San Juan und Playa Paraíso gelegen –, nämlich ein baskisches und ein japanisches Restaurant. Dazu gesellen sich das spanisch-internationale El Rincón de Juan Carlos mit zwei Sternen und das San Hô mit einer Mischung aus japanischen, peruanischen und kanarischen Elementen. Beide befinden sich im Royal Hideaway Carales Beach Resort (S. 158).

VON DER PLANTAGE AUF DEN TELLER: TENERIFFAS FRISCHE FRÜCHTE

Bananen sind die wichtigsten und besten Früchte der Insel – und zwar kleine, hocharomatische und sehr süße Sorten. Auch wenn ihre Schale oft braune Flecken hat und nicht sehr appetitlich aussieht, wäre es eine große Dummheit, die großen gelben Bananen aus Übersee zu kaufen – im Vergleich zu den tinerfenischen Früchten schmecken sie fade. Große Erträge an Tomaten erzielen die Landwirte in ihren Gewächshäusern. Es gibt viele verschiedene Sorten, fast alle haben einen intensiven

Marktstand in Santa Cruz: Die Früchte von der Insel sind ausgesprochen aromatisch

Geschmack. Eher gering fällt die Ernte anderer Früchte auf der Insel aus, doch wer eine Chance hat, Papayas, Mangos, Guaven oder ähnliche lokale Früchte zu erstehen, sollte sofort zugreifen. Frisch geerntete Ware schmeckt immer deutlich besser als importierte.

FEINE WEINE AUS DEM OROTAVA-TAL

Der Weinbau spielt auf Teneriffa eine große Rolle, nicht wenige Winzer sind sehr engagiert und produzieren hochwertige, vor allem weiße Weine. Zum tinerfenischen Wein und anderen lokalen Getränken siehe »Im Blickpunkt: Wein, Wasser und Gebräu« (S. 90).

In aller Munde

Gofio: Ein prähistorischer Brei wird trendy

Was in Zeiten der Ureinwohner das Grundnahrungsmittel auf Teneriffa war, erlebt seit einigen Jahren sein großes Comeback: Gofio. Das ist nichts weiter als Mehl mit rauchig-nussigem Aroma. Die Guanchen stellten Gofio aus Gerste oder Weizen her, den sie in Tongefäßen über offenem Feuer rösteten und danach zwischen Basaltsteinen mahlten. Jahrhundertelang galt Gofio als altmodischer und langweiliger Sattmacher, im Rahmen des Regional-Saisonal-Trends ist er inzwischen total angesagt. Meist besteht er aus Weizen oder Mais, auch Mischungen sind möglich.

Traditioneller Sattmacher: Escaldón auf Gofio-Basis, grüner Mojo und Zwiebeln

Zum Frühstück schmeckt das Röstmehl mit kalter oder warmer Milch, gern geben die Tinerfeños das Ganze in den Küchenmixer und tun noch eine Banane dazu. Aber auch Nüsse, Honig und andere Zutaten passen gut. Oft wird dem Mehl schon in der Fabrik etwas Salz hinzugefügt – falls nicht, unterstützt eine Prise das feine, röstige Aroma. In Suppen und Soßen schmeckt Gofio als Bindemittel. Eine tinerfenische Spezialität ist »escaldón«, ein warmer Brei aus Brühe (Gemüse-, Fleisch- oder Fischbrühe), Gofio, Fleischstückchen, Speck, Gemüse, Zwiebeln, manchmal auch Käse. Die Zutaten sind variabel – Könner zaubern einen guten »escaldón« aus Essensresten. In letzter Zeit experimentieren auch ambitionierte Köche und Konditoren gern mit Gofio und servieren herzhafte Gofio-Bällchen oder -Pasten, süßes Gofio-Mousse, Gofio-Eis und -Kuchen. Zu kaufen gibt es das Mehl für sehr wenig Geld in allen Supermärkten.

Pralinen, die an Bäumen wachsen

Wer einmal frische kanarische Bananen probiert hat, möchte nie wieder andere essen. Teneriffa ist der größte Produzent aller Inseln. Wie wachsen die Früchte und weshalb sind sie hier so köstlich? Eine kleine Bananenkunde.

Nun gut, genau genommen sind es keine Bäume, an denen Bananen wachsen, sondern Stauden – sie haben ja keinen Stamm. Aber wie Pralinen schmecken sie auf den Kanaren wirklich: saftig, süß und hocharomatisch. Ein Genuss, den niemand erahnen kann, der nur importierte Bananen aus Südamerika kennt.

ANSPRUCHSVOLLE PFLANZEN

Portugiesische Händler brachten einst Bananenstauden aus Asien auf die Kanarischen Inseln. Und als die Siedler feststellten, wie gut die Früchte hier gedeihen und wie köstlich sie waren, begann man auch, in den spanischen Kolonien in Amerika Bananen anzubauen – die Kanaren sind also die Wiege der westlichen Bananenkultur. Die Stauden sind sehr anspruchsvolle Pflanzen, sie brauchen viel Wasser und Licht sowie Temperaturen um die 25 °C. In Höhen über 300 m gedeihen sie nicht besonders gut. Zudem muss der Boden ganz bestimmte Charakteristika aufweisen, er muss beispielsweise porös sein und einen hohen pH-Wert aufweisen. Auf Teneriffa sind all diese Voraussetzungen erfüllt. Die Insel ist der wichtigste kanarische Bananenproduzent, 180 000 t werden jährlich geerntet (Gesamtproduktion der Kanaren ca. 350 000 t). Ein kleiner Teil wird auf der Insel selbst vertrieben, die meisten Früchte bezieht das spanische Festland, und nur wenige andere europäische Länder importieren tinerfenische Bananen.

Der Fruchtstand der Banane trägt bis zu 200 Früchte und kann bis zu 50 kg wiegen

KLEIN, ABER KÖSTLICH

Erntezeit ist das ganze Jahr, wobei die Reifung im Sommer nur vier Monate dauert, im Winter sechs bis sieben. Anders als in Amerika, wo man Bananen lange vor der Reife erntet, bleiben die Früchte auf Teneriffa länger an den Stauden. Etwa nach der Hälfte der Reifungszeit um-

hüllen die Landwirte die Früchte mit Plastikfolien, um sie vor Schädlingen und Reibung zu schützen sowie um eine gleichmäßige Reifung zu unterstützen. Die Hauptanbaugebiete auf Teneriffa befinden sich im Norden, Nordwesten und Nordosten der Insel. Etwa 60 % der Bananen gedeihen im Freien, 40 % in Gewächshäusern, um die Pflanzen vor Passatwind und dem Salz in der Luft zu schützen. Für ungeschulte Augen sehen die kanarischen Bananen nicht sehr appetitlich aus, sie sind klein, die gelbe Schale hat schwarze Flecken – die allerdings ein Qualitätsmerkmal sind: je mehr Flecken, desto besser die Qualität. Wer sich von scheinbaren »Schäden« an den Früchten abschrecken lässt und lieber vollgelbe südamerikanische Bananen kauft, dem entgeht ein wahrhaftiges Geschmackserlebnis.

Nicht selten reichen die ausgedehnten Bananenplantagen bis ans Meer

Da wächst noch mehr

Wer Ausflüge auf Teneriffa unternimmt, wird mit Sicherheit immer wieder Bananenplantagen und Weinberge sehen, doch auf der Insel gedeiht noch einiges mehr. Der nordöstliche Zipfel ist eine fruchtbare Region, im Anaga-Gebirge und rundherum – insbesondere in der Region um Valle de Guerra (S. 92) – werden Tomaten kultiviert (meist in unansehnlichen Gewächshäusern) sowie Blumen, Zwiebeln und verschiedene Kartoffelsorten angebaut. Kleine landwirtschaftliche Betriebe, Hobbybauern und -gärtner ernten zudem exotische Früchte wie Papayas, Mangos, Guaven und allerlei Gemüse, etwa Möhren, Lauch, Knoblauch und Paprika. Auf Bauernmärkten, beispielsweise in Candelaria (S. 101) oder auf dem Mercadillo del Agricultor in Tacoronte (www.mercadillodelagricultor.com) sind frische einheimische Produkte erhältlich.

Die Calle Mequinez in der Altstadt von Puerto de la Cruz säumen zahlreiche Läden

Design, Schnäppchen und Delikatessen

Die Garderobe aktualisieren, Schönes für die Wohnung finden, Köstlichkeiten kaufen – das geht auf der Insel wunderbar. Aber Vorsicht: Wer im Urlaub zu viel einkauft, muss in Deutschland mit dem Zoll rechnen.

NICHTS, WAS ES NICHT GIBT

Mit über 200 000 Einwohnern ist Santa Cruz de Tenerife eine typische europäische Großstadt – und so ist auch das Shoppingangebot. Hier gibt es edle Designershops (vor allem in der Calle del Pilar und rundherum), Schnäppchenläden (in der Nachbarschaft des Mercado Nuestra Señora de África), eine bunte Auswahl an Kleidung und anderen Alltagsgegenständen (Calle del Castillo und Umgebung), das große, feine Warenhaus El Corte Inglés und den schönen Lebensmittelmarkt Mercado Nuestra Señora de África. Wer im Inselsüden urlaubt und einen Shoppingtag einlegen möchte, muss dafür nicht in die Hauptstadt fahren. In den südlichen Touristenorten gibt es große Einkaufszentren, darunter die Milla de Oro (Playa de las Américas), Plaza del Duque und Siam Mall (beide Costa Adeje).

VORSICHT! ACHTUNG! HÄNDE WEG!

Preisgünstiges Kunsthandwerk stammt fast immer aus Billiglohnländern. Billige »Designertextilien« oder Sonnenbrillen sind Imitate. Vorsicht auch mit Alkohol, Zigaretten und hochpreisigen Einkäufen: Die Kanaren haben einen Sonderstatus in der EU, man darf nur begrenzt Waren nach Deutschland oder Österreich einführen, sonst muss am Zoll nachbezahlt werden.

DIE WIRKLICH GANZ BESONDEREN SACHEN

Garantiert auf Teneriffa produziertes Kunsthandwerk verkaufen die Läden der »Artenerife«-Gruppe (z.B. in Santa Cruz, Puerto de la Cruz, La Orotava und Costa Adeje). Neben traditionellen Produkten wie mit Spitze versehenen Tischdecken oder handgeflochtenen Körben umfasst das Sortiment auch Aktuelles, etwa bedruckte T-Shirts oder Silberschmuck. Die Casa de los Balcones (La Orotava) bietet ebenfalls traditionelles Kunsthandwerk, gefertigt auf der Insel. Und wer sich selbst verpflegt oder Lebensmittel als Souvenirs mit nach Hause nehmen möchte, findet auf Märkten und in großen Supermärkten jede Menge Köstlichkeiten, die es in Deutschland nicht oder kaum gibt: Mojo-Soßen, kanarischen Käse, tinerfenischen Wein, eine Vielzahl verschiedener Kartoffelsorten, Gelees aus kanarischen Bananen oder Kaktusfeigen und noch einiges mehr.

Das perfekte Souvenir

Kunsthandwerk, das berührt und Erinnerungen weckt

Wie die Alltagskultur und das Leben der Guanchen insgesamt, so waren auch die Kunst und das Kunsthandwerk dieser kanarischen Ureinwohner bis zur spanischen Eroberung in etwa auf dem Stand der europäischen Steinzeit. Die meisten Fundstücke zeigen zwar wenig künstlerische Raffinesse, dafür scheinen sie spannende Geheimnisse zu bergen, eine rätselhafte Symbolsprache zu sprechen. Zudem haben sie eine emotionale Wirkung auf viele Betrachter, auf naiv-unschuldige Art berühren sie die Seele. Reproduktionen von Keramikstücken der Guanchen sind außerdem perfekte Souvenirs, weil sie die Verbundenheit der Tinerfeños mit den Ureinwohnern widerspiegeln – nicht wenige Inselbewohner identifizieren sich mehr mit den Guanchen als mit den spanischen Vorfahren. Besonders zahlreich und beliebt sind Idole: kleine getöpferte Figuren mit religiöser bzw. kultischer Bedeutung. Mal stellen sie Menschen dar, mal Tiere, meist dreidimensional, manchmal auch zweidimensional. Und sie sind so klein, dass sie problemlos ins Urlaubsgepäck passen. Von eindrucksvoller Ästhetik sind auch grafische Objekte wie Sonnendarstellungen oder Töpferstempel mit Spiralmuster. Staatliche Museen wie das Museo de la Naturaleza y el Hombre (Santa Cruz) oder die Casa de Carta (Valle Guerra) verkaufen Reproduktionen von Guanchen-Kunstwerken und -Kunsthandwerk von hoher Qualität. Die Stücke entstammen garantiert tinerfenischer Handarbeit.

Beliebtes Souvenir: Nachbildungen des Ídolo de Tara, einer Gottheit der Guanchen

Staunen, toben, spüren und erleben

Teneriffa ist ein sehr familienfreundliches Reiseziel. Sowohl das Angebot an Aktivitäten als auch die natürlichen Gegebenheiten der Insel sorgen dafür, dass Kinder und Jugendliche sich nicht langweilen und genauso wohlfühlen wie die Eltern.

VERGANGENE WELTEN ENTDECKEN

Die Vulkanlandschaft im Teide-Nationalpark kann aufregend sein wie Actionkino – wenn man sie mit der ganzen Familie erkundet, auf ausgeschilderten Wegen in die Wildnis läuft, sich darüber austauscht, wie es wohl war, als die Erde aufbrach und glühende Lava hervortrat, als Feuerfontänen sprühten und sich Feuerflüsse ergossen. Höhepunkt eines solchen Ausflugs ist die Gondelfahrt auf den Teide (S. 165), wobei man dringend im Voraus reservieren sollte. Kinder unter zwei Jahren dürfen leider nicht mitfahren. Für Besucher ab etwa acht Jahren sind die Führungen durch die internationale Sternwarte (S. 164) ein spannendes Erlebnis. Spezielle Familienführungen gibt es leider nur auf Spanisch und Englisch, aber auch die deutschsprachigen allgemeinen Führungen nehmen Rücksicht auf Kinderinteressen und -wünsche.

Der Haifischtunnel ist eines der Highlights des Aquariums im Loro Parque

Idealerweise fährt die gesamte Familie anschließend nachts einmal in die Dunkelheit der Inselmitte, bestaunt und studiert den Sternenhimmel – auf eigene Faust oder mit Anleitung im Rahmen einer organisierten Tour (www.volcanoteide.com).

SPASS, SPORT UND ABENTEUER

Alle Unterhaltungs-, Aktivitäts- und Ausflugsangebote für Kinder und Jugendliche, die eine Ferieninsel in diesen Breitengraden anbieten kann, sind auf Teneriffa vereint. Mit dem Loro Parque (S. 114) und dem

Auf zahlreichen auch für Kinder geeigneten Wanderrouten lässt sich die spektakuläre Landschaft Teneriffas erkunden

Jungle Park (S. 150) gibt es zwei schöne und wirklich besuchenswerte zoologische Gärten. Siam Park (S. 151) und Aqualand (S. 150) bieten Plantsch-, Rutsch- und Badespaß für alle Altersgruppen. Whale Watching und andere Bootstouren hinterlassen wertvolle bleibende Eindrücke. Und das Spektrum der Sportarten reicht von Mountainbiking über Schnorcheln und (Schnupper-) Tauchen bis hin zu Wind- und Kitesurfen.

TENERIFFAS GEHEIMNISSEN AUF DER SPUR

Dass die Insel nicht nur sehr vielseitig, sondern auch voller Geheimnisse ist, können Gäste an vielen Orten erleben – Kinder und Jugendliche haben dabei oft besonders viel Spaß. So entführen die Pirámides de Güímar (S. 104) in rätselhafte prähistorische Zeiten, in der Cueva del Viento (S. 126) tauchen Besucher in den magischen vulkanischen Untergrund ab. Ein Naturlehrpfad am Cruz del Carmen (S. 94) bringt Wanderern die Besonderheiten des Nebelwaldes nahe. Mehrere Museen widmen sich zudem dem Alltag der Ureinwohner, die bis ins 15. Jh. wie in der Steinzeit lebten (z.B. Museo de la Naturaleza y el Hombre in Santa Cruz, S. 72, Museo Arqueológico, Puerto de la Cruz, S. 114).

BADESPASS? ABER SICHER!

Nicht wenige Familien baden auf Teneriffa ausschließlich im Swimmingpool oder in Wasserparks. Gut so? Geschmacksache! Wer auf ein Meererlebnis nicht verzichten möchte, sollte sich vorab nach geeigneten Badestränden und -stellen erkundigen und auch die Gefahren kennen (Infos hierzu auf S. 34).

Sandburgen bauen mit importiertem Saharasand? An der 1300 m langen Playa de las Teresitas ist das möglich

WO UND WIE ÜBERNACHTEN WIR?

Die Auswahl an Hotels und Apartmentanlagen ist enorm, sodass jede Familie die für sie perfekte Unterkunft finden wird. Ob All-inclusive-Hotel oder Apartmentanlage für Selbstversorger, ob großes Resort mit Kinderanimation, Jugenddisco, Sport und Entertainment rund um die Uhr, ob preiswerte Pension, Luxushotel mit Familienzimmern oder Landhotel: Alles, aber auch wirklich alles wird geboten. Am größten ist die Palette für Familien im trubeligen Süden.

MIT GROSS UND KLEIN INS RESTAURANT

Kinder sind Könige in Spanien – und so werden sie auch in der Gastronomie behandelt. In jedem anständigen Restaurant gibt es ausreichend Kindersitze, niemand stört sich daran, wenn Kinder lauter werden oder zwischen den Tischen herumlaufen. Findet sich auf der Speisekarte nichts, was den Kleinen schmeckt, erfüllt der Koch oftmals auch individuelle Wünsche. Und falls es in einem Restaurant doch mal anders zugeht, so wird es wohl nicht von Einheimischen betrieben. Dann steht man halt schnell wieder auf und geht ins Lokal nebenan – das sehr wahrscheinlich so kinderfreundlich ist, wie es sich auf Teneriffa gehört.

UND WIE GEHT'S DER URLAUBSKASSE?

Teneriffa ist kein Billigreiseziel, aber in manchen Bereichen zahlt man bis heute weniger als in Deutschland, etwa in der Gastronomie (außerhalb der Haupttouristenzentren) oder in öffentlichen Verkehrsmitteln (Taxis, Busse). Alle Einrichtungen, die Eintritt kosten (z.B. Museen, Wasserparks), gewähren Kindern und Jugendlichen Vergünstigungen. Mit Kombi- oder Mehrfachtickets spart man bei Wasser- und Tierparks viel Geld. Viele der größten Attraktionen sind ohnehin kostenfrei – wie etwa die Vulkanlandschaften, die Urwälder, der klare Sternenhimmel oder die Unterwasserwelt.

Leuchtende Augen

Mit Schnorchel und Maske eine neue Welt entdecken

Berühmt sind die Whale-Watching-Touren vor Teneriffa, bei denen es darum geht, dass Wale auftauchen. Mindestens genauso eindrucksvoll aber ist es, rund um die Insel abzutauchen – in eine Unterwasserwelt, die magisch wirkt. Da schwimmen gemütlich Schildkröten umher, vielarmige Kraken klammern sich an Felsen fest, Rochen ruhen sich auf dem Sandboden aus, und riesige, silbern leuchtende Sardinenschwärme flitzen vorbei. Viele Taucher lieben Teneriffas Meereswelt. Aber auch mit Maske und Schnorchel lassen sich die Tiere in ihrer wunderschönen Umgebung beobachten. Kinder, die sicher schwimmen können, lernen in der Regel leicht das Schnorcheln. Am besten probieren sie die Technik im Swimmingpool aus, bevor es ins Meer geht. Zur Ausrüstung gehören neben Maske und Schnorchel möglichst Flossen sowie ein langärmeliges Badeshirt (zum Schutz gegen Sonnenbrand, bei empfindlicher Haut plus lange Badehose). Viele Tauchschulen bieten Schnorchelkurse und -ausflüge an. Das hat neben sportlichen Tipps den Vorteil, dass man die Ausrüstung ausleihen kann – inklusive Neoprenanzug, der Sonnenbrand und Auskühlen verhindert. Denn die Faszination führt manchmal dazu, dass Kinder wie Erwachsene lange im Wasser bleiben und gar nicht merken, wie sehr sie frieren.

Bis vor einigen Jahren lebte eine Vielzahl von Schildkröten in einer Bucht nahe Playa Paraíso. Leider kamen dorthin viele rücksichtslose Schnorchler, sie fütterten und berührten die Tiere. Um das Leben der Schildkröten zu retten, wurden sie schließlich an einen geheimen Ort umgesiedelt.

Die Meeresschildkröten der Kanaren werden inzwischen als bedroht eingestuft

Welcher Badestrand passt zu mir?

Wo baden die Tinerfeños? Wo die Touristen? Welche Strände sind für Kinder geeignet? Wo kann man sportlich schwimmen? Wo herrschen Natur und Einsamkeit? Nachfolgend ein Überblick über die Badestrände und -stellen der Insel.

BEI DEN EINHEIMISCHEN: TENERIFFAS OSTEN

Der vielleicht schönste Strand der Insel liegt weit von den Touristenzentren entfernt: die Playa de las Teresitas (S. 101). Sie ist sozusagen der Hausstrand der Einwohner von Santa Cruz, denn die Inselhauptstadt hat keinen eigenen Strand. Über die Landstraße TF 11 sind es nur etwa 20 Autominuten vom Stadtzentrum zum kleinen Ort San Andrés, an den die Playa de las Teresitas grenzt (es gibt auch regelmäßige Busverbindungen ab Santa Cruz). Der Strand ist ganz offensichtlich künstlich angelegt, so perfekt zeigt sich die lang gezogene Fläche aus weißem, feinen Sand. Sowieso gibt es auf Teneriffa keine echten hellen Strände, der natürliche Sand ist meist grau. Zudem locken viele beliebte »charcos« oder »piscinas naturales«. Beide Bezeichnungen stehen für Naturbecken bzw. Badestellen inmitten von Felsen.

Die Playa de las Teresitas bietet so ziemlich allen Komfort, den man sich vorstellen kann: von Parkplätzen über Toiletten, Liegen und Schatten spendenden Palmen bis hin zur Badeaufsicht. Dank eines vorgelagerten künstlichen Riffs gibt es fast nie hohe Brandung, der Strand ist gut für Familien mit Kindern geeignet. Wem

Die hellsandige Playa de las Teresitas gilt trotz ihres künstlichen Ursprungs als einer der schönsten Strände der Insel

das Ganze zu künstlich ist, der findet ein kleines Stück weiter nördlich die Playa de las Gaviotas (S. 101), eine Bucht am Fuße einer Steilküste: dunkler, fast schwarzer Sand, keinerlei Infrastruktur, dafür ist hier FKK erlaubt – alles ganz natürlich.

Der dunkle Lavastrand der Playa de las Gaviotas empfängt auch Freunde der Freikörperkultur

Fast ausschließlich Inselbewohner sind an den Stränden an der Nordküste des Anaga-Gebirges anzutreffen, denn in dieser Region gibt es kaum Touristenunterkünfte, und für Tagesausflügler aus dem Süden ist sie zu entlegen. Das gilt vor allem für die drei Strände bei dem Dorf Taganana. Die Playa del Roque de las Bodegas (S. 99), umgeben von dunklen Felsen und Steilküste, suchen vor allem an Wochenenden zahlreiche Hauptstadtbewohner auf. Sie bringen auch viele Kinder mit, obwohl häufig hohe Wellen und Strömungen vorherrschen.

Noch wilder sind die Bedingungen an der etwas weiter östlich gelegenen Playa de Almáciga (S. 99), in deren Wellen sich oft Surfer vergnügen. Und ein weiteres Stück östlich liegt fernab der Straße die idyllische Playa de Benijo (S. 99). Sie ist über eine lange Treppe zugänglich und bietet keinerlei Infrastruktur in Form von Toiletten oder gar einer Badeaufsicht. Der dunkle Strand ist breit und 300 m lang. Er bietet einen zauberhaften Blick auf viele kleine, dunkle Felsen, die aussehen, als wären sie zur Dekoration ins Meer gestreut.

BADEMÖGLICHKEITEN IM NORDEN

Nicht so fotogen wie die Playa de las Teresitas, aber auf eine ganz eigene Art ebenso spektakulär, ist die Playa Jardín (S. 114), der Hausstrand von Puerto de la Cruz, den der Künstler César Manrique gestaltete: dunkler, fast schwarzer Sand, Palmen, Kakteen und blühende Gärten, Wasserfälle und Kunstwerke aus Felsen – das über 600 m lange Ensemble kombiniert Badespaß und Entspannung mit visuellem Genuss.

An der Nordküste besonders zahlreich sind die »charcos naturales« – Badestellen geformt von der Natur inmitten vulkanischer Felsen. Da Touristen meist Sandstrände bevorzugen, vergnügen sich dort vor allem Einheimische. An kaum einer dieser Badegelegenheiten gibt es

Ein Bad im Charco La Laja, einem natürlichen Lavapool mit kristallklarem Atlantikwasser

Aufsichten, mit Kindern muss man deshalb vorsichtig sein (u. a. wegen der rutschigen Felsen). Auch erfahrene Schwimmer sollten an windigen Tagen der Brandung Respekt zollen. Ein wunderschöner Naturpool liegt am Rand des Dorfes San Juan de la Rambla: der Charco La Laja (S. 123). Man erreicht ihn über einen Fußweg, der sich auch lohnt, wenn man nicht schwimmen will – so malerisch ist der Anblick des tiefblauen Wassers, gerahmt von schwarzem Gestein. Wer auf den Geschmack gekommen ist, findet in der Nähe ein ähnliches Paradies: den Charco del Viento, ein System aus mehreren Buchten, umgeben von erkalteten Lavaströmen und durchzogen von Tunnels und Höhlen (via TF 5, Abfahrt bei Santa Catalina). Es gibt einen Parkplatz, von dort aus führt eine Treppe hinunter ans Meer.

Detaillierte Beschreibungen aller Strände und Badestellen findet man unter www.webtenerife.de.

Nicht ganz so wildromantisch, dafür mit Toiletten, Duschen und oft auch Badeaufsicht ausgestattet – und sehr gut zu erreichen – ist die Naturbadelandschaft El Caletón (S. 128) in Garachico: viele verschiedene kleine und größere Pools, gut zugänglich über ausgebaute Wege und Treppen, ein toller Mix aus Natur und Architektur.

FAMILIENSPASS IM WESTEN UND SÜDEN

Dort, wo der Tourismus seine Zentren hat, konzentrieren sich zwar die meisten, aber nicht unbedingt die schönsten Strände der Insel. Dass fast alle Urlaubsorte im Süden entstanden sind, liegt nämlich nicht an den dortigen Landschaften, sondern am trockenen Klima. Es macht einerseits den Boden für die Landwirtschaft unbrauchbar, andererseits verschont es die Gäste vor Regen. Viele bevorzugen ohnehin die Poollandschaften ihrer Hotels, statt sich mit dem Sand am Strand herumzuplagen. Andere lieben den Trubel und die vielen Vergnügungsmöglichkeiten an den Stränden der Urlauberhochburgen Los Cristianos (S. 153) und Playa de las Américas (S. 151) – ob Ballspiele oder Bananaboatfahrten, ob Bars oder Shops, die Angebote sind mehr als zahlreich. Zudem können auch Rollstuhlfahrer die meisten Strände der Gegend nutzen.

Wer ein natürliches Idyll im Süden sucht, muss aber nicht weit fahren: Die Playa de la Tejita (S. 156) bei El Médano ist einen Kilometer lang, nie überlaufen und nur abschnittsweise mit Liegen, Sonnenschirmen und dergleichen ausgestattet. Traumhaft: der Blick auf den rötlichen Vulkankegel Montaña Roja. Da der Strand in einem Naturschutzgebiet liegt, muss man von den verschiedenen Parkplätzen an der Landstraße TF 643 ein wenig laufen. Nicht naturbelassen, aber dennoch romantisch-schön sind im Westen die lange Playa del Duque (S. 148) und die kleine Bucht der Playa de Abama (S. 141) – beide mit Gastronomie (im Unterschied zur Playa de la Tejita). Für Familien gut geeignet und sowohl bei Tinerfeños als auch bei Individualtouristen beliebt: die Playa de San Juan (S. 140) am gleichnamigen Dorf. Vom Strand blickt man auf den Fischereihafen, zusammen mit einer Mole schützt dieser Badende vor Wellen und Strömung. Es gibt barrierefreien Zugang sowie einen Kinderbereich, die Atmosphäre ist ruhig und freundlich.

Gleich ist die Playa de San Juan erreicht

Risiken und Sicherheit

Wellengang und Strömungen können das Baden auf Teneriffa gefährlich machen, insbesondere im Norden und Osten. Deshalb empfiehlt es sich dringend, nur an ausgewiesenen Badestränden und -stellen zu schwimmen und Warnungen (meist in Form der roten Flagge) zu respektieren. Auf den Kanarischen Inseln sterben weitaus mehr Menschen im Meer als im Straßenverkehr.

Architektur für jetzt und die Zukunft

Vorbei sind die Zeiten grober Bausünden: Mit aufregenden Gebäuden, die sich doch behutsam in die Landschaften der Insel einfügen, nimmt Teneriffa den Weg in eine ansehnliche Zukunft.

Eine Muschel, ein Segelschiff, Wellen auf dem Meer? Oder nur ein abstraktes, irgendwie anregendes und angenehmes Gebilde? Das Auditorio de Tenerife (S. 73), am südlichen Rand der Innenstadt von Santa Cruz gelegen, regt die Fantasie an, man kann vieles in ihm sehen und sieht es schon von fern – von Süden kommend oder vor allem aus nördlicher Richtung, vom Gebirge aus. Als es im Jahr 2003 eröffnete, hatte die Inselhauptstadt endlich ein würdiges, zeitgemäßes Wahrzeichen, entworfen von einem internationalen Star, dem Architekten Santiago Calatrava aus Valencia. Seither – und teilweise auch schon zuvor – gewinnt eine moderne, mutige Architektur an Bedeutung auf Teneriffa. Eine Ästhetik, die Aufsehen erregt, ohne sich zu sehr aufzuspielen. Eine Baukunst, die die Formen und Materialien der Inselnatur aufnimmt und widerspiegelt.

Stararchitekt Santiago Calatrava konzipierte das Auditorio de Tenerife in Santa Cruz

STADTPLANUNG SEIT 500 JAHREN

Schon um das Jahr 1500 herum, im Zuge der spanischen Eroberung und Besiedlung, tat Teneriffa sich hervor als ein Ort der zukunftsweisenden Stadtplanung und Baukunst. La Laguna (S. 80), die erste Hauptstadt der Insel, wurde im Schachbrettmuster angelegt und wurde zum Vorbild für zahlreiche Städte in Mittelamerika. Im Lauf der Jahrhunderte entstanden immer wieder

Der Adelspalast Palacio de Nava in La Laguna vereint Elemente des Manierismus, Barock und Klassizismus

Luxus für Körper, Geist und Augen

Viele Fünf-Sterne-Hotels bieten auf Teneriffa neben komfortablen Zimmern, luxuriösen Poollandschaften und edler Gastronomie auch eine Menge fürs Auge – ihre Architektur ist besonders durchdacht, elegant oder auf andere Art außergewöhnlich. Die meisten dieser Anlagen stehen in und um Costa Adeje und La Caleta. Ein echter Hingucker ist beispielsweise die erst 2017 eröffnete »Corales«-Anlage mit dem Royal Hideaway Corales Beach Resort (La Caleta, S. 158). Das überwiegend in Weiß gestaltete Gebäudeensemble erinnert mit seinen verschachtelten Elementen einerseits an ein Schiff, andererseits an Korallen oder auch Diamanten. Das Design verantwortet der tinerfenische Architekt Leonardo Omar, der zahlreiche Luxusresidenzen gestaltet hat. Traditioneller, aber nicht minder aufsehenerregend wirkt die Architektur der bereits 1993 fertiggestellten Anlage Bahía del Duque (Costa Adeje, S. 158), die historische tinerfenische Gebäude imitiert: Stadtpaläste, Säulengänge, ja, sogar einen Kirchturm gibt es hier – manches sieht allerdings eher maurisch oder auch märchenhaft aus als kanarisch. Zu den weiteren Resorts, die aus architektonischen Gründen einen Besuch wert sind (auch wenn man sich darin keinen Urlaub leisten kann oder möchte) gehören z.B. Iberostar Grand Hotel El Mirador (Costa Adeje, S. 158), Gran Meliá Palacio de Isora (Alcalá, S. 143), Meliá Hacienda del Conde (Buenavista del Norte, S. 142) oder Baobab Suites (Costa Adeje, www.baobabsuites.com), ebenfalls von Leonardo Omar entworfen.

Im TEA – Tenerife Espacio de las Artes in Santa Cruz sind wechselnde Ausstellungen aktueller internationaler Kunst zu sehen

pracht- und stilvolle Adelspaläste – nicht nur in La Laguna, sondern beispielsweise auch in Garachico oder Puerto de la Cruz.
Seinen Ruf als Sammelsurium unansehnlicher bis unerträglicher Bausünden verdankt Teneriffa vor allem dem Umstand, dass ab den 1970er-Jahren im Inselsüden eine Zeit lang ziemlich ungezügelt gebaut wurde. Damals entstanden die zwischenzeitlich allseits verurteilten Bettenburgen des Billigtourismus. Nicht wenige davon stehen heute noch (und werden eifrig gebucht), und wer vom Flughafen Teneriffa-Süd durch trockenes, unwirtliches Land nach Los Cristianos fährt (wie die vielen Gomera-Touristen auf dem Weg zur Fähre, denn die Nachbarinsel hat keinen Flughafen), der bekommt von Teneriffa den allerschlechtesten Eindruck. Und den allerfalschesten.

SCHÖNE HÄUSER, SCHÖNE PLÄTZE

Besonders in der Hauptstadt hat sich in den letzten Jahren und Jahrzehnten viel getan – das Auditorio de Tenerife ist das bekannteste, aber bei Weitem nicht das einzige wichtige Architekturprojekt der Gegenwart. Ganz besonders bedeutend war und ist die Umgestaltung der Plaza de España (S. 67) durch die Schweizer Architekten Herzog & de Meuron, die unter anderem auch die Hamburger Elbphilharmonie, die Münchner Allianz Arena und das Pekinger Nationalstadion entwarfen. In Zusammenarbeit mit einem tinerfenischen Architekten verwandelten sie einen deprimierenden Verkehrsknotenpunkt in einen freundlichen, lebens- und liebenswerten Platz. Nur das scheußliche Denkmal für die Toten des Bürgerkriegs, errichtet in Zeiten der Franco-Diktatur, verhindert einen völlig unbeschwerten Aufenthalt auf der Plaza de España.
Weitere wichtige, sehr sehens- und erlebenswerte Bauwerke und -ensembles der Gegenwart und jüngeren Vergangenheit sind: die Kunstgalerie TEA – Tenerife Espacio de las Artes (S. 72), errichtet von denselben Architekten wie die 2006 bis 2008 neu gestaltete Plaza de España in Santa Cruz; der Präsidentenpalast der kanarischen Regierung, errichtet aus Vulkangestein,

Der große César und seine Badekunst

Toben, schwimmen, spielen, sich ausruhen und zugleich wunderschöne Kunst genießen: Wo gibt's denn so was? Auf Teneriffa gibt es das – und zwar gleich dreimal, dank César Manrique. Architekt, Maler, Bildhauer, Landschaftsplaner: César Manrique (1919–1992) war einer der bekanntesten und wichtigsten kanarischen Künstler aller Zeiten – ja, vielleicht sogar der einflussreichste von allen. Seine Heimatinsel Lanzarote prägte er so nachhaltig, dass ihre Landschaften und Dörfer bis heute besonders gepflegt und geschützt sind und dass Kunst im dortigen Alltag eine Hauptrolle spielt. An anderen Orten war er kaum tätig, doch auf Teneriffa schuf er drei wichtige Werke.

In Puerto de la Cruz konzipierte Manrique den großen Meerwasser-Bäderkomplex Costa Martiánez (S. 112) sowie die Strandlandschaft Playa Jardín (S. 114). Lavafelsen und Kaktusgärten, Fontänen, Windspiele und andere Skulpturen ermöglichen den Gästen Badespaß und Kunstgenuss zugleich. Und das ganz unaufdringlich – Kunst, Sport und Entspannung vermählen sich auf natürlich wirkende Art. Für Santa Cruz entwarf der Künstler die Bäderanlage Parque Marítimo César Manrique, die im Jahr 1995 – als eines seiner letzten Projekte – vollendet wurde.

Holz und anderen inseltypischen Materialien (Avenida José Manuel Guimerá 10, Santa Cruz); die von Santiago Calatrava designten Kongress- und Messehallen (Avenida de la Constitución 12, Santa Cruz); die Plaza de España in Adeje – und viele, viele andere mehr.

Verschiedene Skulpturen bilden in der von César Manrique gestalteten Badelandschaft Costa Martiánez einen Teil des Gesamtwerks

Die Romería zur Basilika von Candelaria ist für viele ein geeigneter Anlass, ihre traditionelle tinerfenische Tracht anzulegen

Tanz und Gloria zu Ehren der Jungfrau

Das Fest der Jungfrau von Candelaria, Schutzpatronin der Kanaren, vereint Tanz, Verehrung und Gebet, Pilgern und Volkstheater, Party und Heilige Messe. Und diese Mischung ist typisch für den Archipel.

Sie kommen aus allen Ecken und Enden der Insel, möglichst zu Fuß, sie pilgern einen ganzen Tag lang oder auch eine Nacht, um die Virgen de la Candelaria zu ehren und sie um Gnade, Gesundheit oder einen guten Job zu bitten. Zusammen mit all jenen, die motorisiert anreisen, sind es schließlich um die 200 000 Menschen, die die Fiesta de Candelaria begehen. Die Jungfrau von Candelaria ist die Schutzpatronin aller kanarischen Inseln und ihr Fest eines der wichtigsten des Archipels.

DIE GESCHICHTE HINTER DER GESCHICHTE

Als die Spanier im 15. Jh. begannen, sich für Teneriffa zu interessieren, stellten sie staunend fest, dass die Ureinwohner in einer Art Höhlenkapelle am Rand des heutigen Ortes Candelaria eine Marienstatue verehrten. Die gotische Darstellung der Virgen de la Candelaria (auch Nuestra Señora de la Candelaria) zeigt die Jungfrau mit dem Kind und einer Kerze. Sehr wahrscheinlich stammte sie aus einer Schiffskapelle. Ab 1526 wurde die Statue in einem christlichen Heiligtum verwahrt, im Jahr 1599 erhob Papst Clemens VIII. die Heilige zur Schutzpatronin. Obwohl der Ehrentag der Virgen de la Candelaria eigentlich der 2. Februar ist (Mariä Lichtmess), feiern die Tinerfeños ihr großes Fest jährlich am 15. August, dem Jahrestag ihres Erscheinens (zugleich Mariä Himmelfahrt).

SCHAUSPIEL, PROZESSIONEN, MESSE

Wie in Spanien und besonders auf den Kanaren üblich, vermischen sich fröhliches Volksfest und religiöse Rituale miteinander. Trachten- und Folkloregruppen bringen der Jungfrau typische Produkte der Insel als Opfer dar. Laiendarsteller spielen auf dem Kirchplatz nach, wie die Guanchen die Marienstatue fanden, ihre Heiligkeit erkannten und sie zu verehren begannen. Höhepunkt der Feierlichkeiten ist die Heilige Messe am Mittag des 15. August, zelebriert vom Bischof von Teneriffa, La Palma, La Gomera und El Hierro. Anwesend ist jeweils auch ein Vertreter des spanischen Königs sowie der Regierungspräsident der Kanarischen Inseln. Anschließend wird das Bildnis der Virgen de la Candelaria in einer Prozession durch den Ort getragen. Feuerwerk und Partystimmung bis in die Nacht ergänzen das Programm.

Mitfeiern? Gewusst wann und wie!

Das Fest findet jährlich am 14. und 15. August in Candelaria statt, Pilger treffen ab dem 13. August ein. Die Hauptpilgerwege beginnen in La Orotava und La Laguna. In der Nacht vom 14. zum 15. August kommen viele der Pilger an, deshalb bleibt die Basilika geöffnet. Schönster Tag für Zuschauer ist der 14. August. Der Andrang ist so groß, dass die Parkplätze aus allen Nähten platzen. Wer mit dem Auto anreist, sollte sehr früh kommen oder sich auf weite Fußwege gefasst machen. Eine gute Alternative ist die Anfahrt mit dem Bus.
Die wichtigsten Veranstaltungen:
14. August, 20 Uhr, Schauspiel/Darstellung des Erscheinens der María de la Candelaria vor den Guanchen, Plaza de la Candelaria, anschließend Prozession und Feuerwerk.
15. August, 12 Uhr, Heilige Messe, danach Prozession. Um 21 Uhr beginnt die Opferfeier, bei der Blumen und andere lokale Produkte der Virgen dargeboten werden.
Mehr Infos: Touristeninfo von Candelaria *(S. 101).*

Prozession anlässlich des alljährlichen Festes zu Ehren der Maria von Candelaria

Viel Geschichte, viele Geschichten

Dass Teneriffa einst nicht spanisch war, dass britische Truppen die Insel beschossen, dass die Menschen bis vor 45 Jahren unter einer Gewaltherrschaft litten ... historische Geschehnisse, die heute fast unvorstellbar sind.

VON DER STEINZEIT IN DIE NEUZEIT

14./15. Nov. 1494
Der spanische Eroberer Alonso Fernández de Lugo und seine Truppen gehen siegreich aus der »Schlacht von Aguere« hervor. Damit beginnt der Niedergang der Guanchenherrschaft auf Teneriffa.

Als die Spanier im Verlauf des 15. Jh. die Kanarischen Inseln eroberten, entsprach die Kultur der Guanchen, also der Ureinwohner, in etwa der europäischen Steinzeit. Sie lebten in Höhlen, betrieben einfachen Ackerbau und einfaches Handwerk, hielten Ziegen, Schweine und Hunde. Darüber hinaus ist heute wenig über sie bekannt. Vermutlich stammten die Guanchen von Berbern ab, die von Nordafrika auf die Inseln gekommen waren. Da sie ihre Leichen mumifizierten, weiß man, dass die Männer im Durchschnitt 1,70 m groß waren, Frauen 1,60 m – deutlich größer als die damaligen Europäer. Die mittlere Lebenserwartung betrug 31 Jahre.
Teneriffa war seinerzeit in neun Stammesgebiete unterteilt, denen je ein »Mencey« als Oberhaupt vorstand. Den Konquistadoren stellten sie sich massiv entgegen. Als letzte aller kanarischen Inseln fiel Teneriffa 1496 der spanischen Krone zu. Viele Guanchen wurden als Sklaven auf die Iberische Halbinsel verschifft, die auf Teneriffa verbleibenden Ureinwohner nahmen die Sprache, Kultur und Religion der Spanier an. Nicht wenige Tinerfeños identifizieren sich heute mit ihnen und sind stolz auf die tapferen »Vorfahren«. Das spiegelt sich auch in ihren Vornamen wieder: Guacimara oder Dácil für Frauen, Acorán oder Dailos für Männer – solche Namen gibt es nur auf Teneriffa und anderen kanarischen Inseln. Es sind Namen der Guanchen.

Neun bronzene Menceyes der Guanchen erheben sich an der Promenade von Candelaria

BEGEHRTE INSEL UNTER BESCHUSS

Lord Horatio Nelson (1758–1805), Admiral der königlichen britischen Marine

Nicht nur die Spanier hatten Interesse an Teneriffa, und nicht nur Piraten machten den neuen Herrschern und Bewohnern das Leben schwer. Dreimal griffen im 17. und 18. Jh. britische Truppen die Hauptstadt Santa Cruz an, um die Insel dem Vereinten Königreich zu unterwerfen. Als letzter wagte Admiral Horatio Nelson am frühen Morgen des 22. Juli 1797 den Angriff – mit acht Schiffen und 2000 Mann. Es dauerte drei Tage, bis die an Material und Männern weit unterlegenen Tinerfeños die Angreifer besiegten. Am Vormittag des 25. Juli 1797 trafen sich Vertreter der Tinerfeños und Briten in der Festung Castillo San Cristóbal (S. 70), um den Kapitulationsvertrag zu unterzeichnen. Admiral Nelson persönlich soll sein Wort darauf gegeben haben, dass Großbritannien nie wieder die Kanarischen Inseln angreifen würde. Als »La Gesta«, »die Heldentat«, ging das Ereignis in die Geschichte Teneriffas ein.

1936–1975: DIE ZEIT DER DUNKELHEIT

Francisco Franco, geboren 1892 in Galicien, war schon in jungen Jahren ein außerordentlich erfolgreicher Soldat. Er wurde 1926 zum General, 1935 zum Oberbefehlshaber der spanischen Armee ernannt. Anfang 1936 setzte ihn die neue linke Regierung Spaniens ab und schickte ihn als Militärkommandeur der Kanarischen Inseln nach Teneriffa. Dort bereitete Franco die Militäraufstände vor, mit denen 1936 der spanische Bürgerkrieg begann. Vom Balkon der Capitanía General an der Plaza del General Weyler (S. 74) in Santa Cruz grüßte er vor seinem Aufbruch aufs Festland das Volk. In dem Gebäudekomplex ist heute noch die Militärverwaltung untergebracht.

Ein Krieg im eigentlichen Sinne fand auf den Kanarischen Inseln nicht statt, es schlugen keine Bomben ein. Hart waren hingegen die Repressionen gegen Menschen, die Äußerungen und Handlungen wider das Militär und seine Politik wagten. Nicht wenige wur-

Badebetrieb im Meerbad des Hotels Ten Bel Las Galletas (Aufnahme von 1977)

den erschossen, zahlreiche Menschen kamen in neu geschaffene Gefängnisse. Eines davon befand sich in einem ehemaligen Lager, das die irische Firma Fyffes zur Verfügung stellte, eines der – heute noch – größten Fruchthandelsunternehmen weltweit.

Spuren der Diktatur
Die Rambla del General Franco, eine Hauptverkehrsader von Santa Cruz, wurde erst 2008 in Rambla de Santa Cruz umbenannt.

Der Bürgerkrieg endete 1939, General Franco herrschte als Diktator bis 1975 über Spanien. Pfeiler seiner Politik waren unter anderem die enge Zusammenarbeit mit Großgrundbesitzern, ein katholisch-konservatives Weltbild mit entsprechenden sozialen Normen, die Überwachung der Bürger und die von Gewalt geprägte Bekämpfung Andersdenkender. Die franquistische Wirtschaftspolitik führte auf Teneriffa zu großer Armut bis hin zu Hungersnöten, die wiederum eine starke Auswanderungsbewegung nach Südamerika zur Folge hatten.

Besonders traumatisch aber war das systematische »Verschwindenlassen« von Menschen: Der Verbleib von etwa 1500 während der Diktatur vermissten tinerfenischen Oppositionellen ist bis heute ungeklärt. Während man etwa auf Gran Canaria Massengräber öffnete und menschliche Überreste identifizieren konnte, ist dies auf Teneriffa bisher nicht gelungen.

DAS ZEITALTER DES TOURISMUS

14. März 1988
Nachdem im Süden der Insel zahlreiche preiswerte Hotels entstanden sind, eröffnet das erste Fünf-Sterne-Haus der Region, das Hotel Mediterranean Place, in Playa de las Américas.

Anfang des 20. Jh. begannen britische Reisende, Teneriffa für sich zu entdecken, jedoch kamen sie nicht zum Baden auf die Insel, sondern wegen des warmen, aber milden Klimas und der schönen Vegetation, die den Norden prägten – vor allem in und um Puerto de la Cruz. Ab den 1970er-Jahren nahm dann der Tourismus auch im Süden seinen Lauf – für die Tinerfeños war das ein Segen, denn Landwirtschaft ist im heißen, trockenen Süden kaum möglich, und nach den Jahrzehnten der Franco-Diktatur waren neue wirtschaftliche Impulse dringend nötig. Zunächst richtete sich das Angebot besonders an Pauschalreisende mit einem eher geringen Budget, später entstanden auch Vier- und Fünf-Sterne-

Hotels an der Südküste. Während Bettenburgen und All-inclusive-Anlagen noch immer gut gebucht sind, setzen die Tourismusindustrie und die Inselverwaltung seit einigen Jahren vermehrt auf Premiumhotels. Insbesondere im Südosten, aber auch an anderen Orten wurden und werden zahlreiche neue sehr luxuriöse (und teure) Anlagen eröffnet. Die Urlauberzahlen auf Teneriffa steigen seit Jahren kontinuierlich an, und diese Tendenz setzt sich nach einem Einburch während der Coronakrise nun wieder deutlich fort.

Am Puls der Zeit

Krise – Arbeitslosigkeit – Abwanderung

In den offiziellen Statistiken zu Importen und Exporten der Insel taucht dieses »Produkt« nicht auf – in der Realität ist es jedoch offensichtlich: Teneriffa »importiert« in hohem Maße wohlhabende Rentner aus Nord- und Mitteleuropa, nimmt sie als Langzeittouristen oder neue Bewohner auf. Zugleich »exportiert« die Insel junge Menschen, darunter viele an der Universität von La Laguna ausgebildete Akademiker, die in London, Paris und vor allem in Berlin ihr Glück suchen. Als Barkeeper oder Kindermädchen verdienen viele nördlich ihrer Heimat mehr Geld als in den Berufen, auf das ihr Studium sie vorbereitet hatte.

Von 2008 bis 2014 wurde Spanien durch eine Wirtschaftskrise erschüttert, die sich auch auf den Kanarischen Inseln deutlich bemerkbar machte – und zeitweise noch gravierender ausfiel, da die Touristenströme damals mehr als zuvor in Richtung Türkei und Nordafrika flossen als auf den Archipel. Noch 2016 verzeichneten die Kanaren eine Arbeitslosenquote von fast 25 % . Dieser Wert änderte sich auch in den vergangenen Jahren kaum. Die Jugendarbeitslosgkeit lag 2021 zwischenzeitlich bei fast 90 %, konnte sich zwar verbessern, erreichte im Jahr 2023 aber immer noch 30 %. Auch wenn sich die wirtschaftliche Situation nach der Coronakrise ein wenig erholt hat, sind neu geschlossene Arbeitsverträge fast immer befristet, und das Einkommen junger Arbeitskräfte ist oft sehr gering. Während der Tourismus langsam wieder boomt, geht es vielen Arbeitnehmern oder -suchenden weiterhin schlecht. Auch weil Wohnraum nur noch schwer bezahlbar ist. Da scheint es dann reizvoller, ein WG-Zimmer in Berlin zu mieten und in einer Bar zu jobben, statt als Lehrer oder Verkäufer auf Teneriffa zu arbeiten und weiterhin bei den Eltern zu leben.

Nicht wenige deutsche Rentner haben Teneriffa zu ihrem Altersdomizil erkoren

Das ist der Gipfel: El Pico del Teide

Im Altertum faszinierte der Vulkan Griechen und Römer, die ihn in ihren Schriften erwähnten. Im Jahr 1799 erklomm Alexander von Humboldt den Gipfel und unternahm wichtige Studien. Heute lieben Touristen die Gondelfahrt auf den Teide.

Mit 3718 m über dem Meeresspiegel ist er der höchste Berg Spaniens, mit 7500 m vom Meeresboden aus gemessen der dritthöchste Vulkan der Welt. Doch wann und wie der Teide geformt wurde, weiß die Wissenschaft bis heute nicht genau. Man vermutet, dass seine Entstehung vor etwa 170 000 Jahren begann – und zwar mit dem Einsturz eines noch höheren Vulkankegels. Dabei entstand ein gewaltiger Kessel, in dem sich nach und nach der Teide erhob. Er ist nämlich ein Schichtvulkan, also das Ergebnis aufeinanderfolgender Ausbrüche.

DER BERÜHMTE BERG

Schon bei den alten Griechen und Römern rief der Teide große Faszination hervor: Herodot berichtete von einem Berg, so hoch, dass man seinen Gipfel nicht sehen könne, Plinius der Ältere fand den »ewigen Schnee« auf dem Teide erwähnenswert. Als europäische Seefahrer in ferne Kontinente aufbrachen und Eroberer in Richtung Amerika reisten, hielten sie den Teide für den höchsten Berg der Welt – eine Auffassung, die bis ins 19. Jh. verbreitet blieb. Wegen seiner Alleinstellung außerhalb einer Gebirgskette wirkt der Vulkan viel höher als die Viertausender der Alpen.

Bizarre Vulkanlandschaften prägen das Hochgebirge rund um den Pico del Teide

Im Jahr 1799 bestieg Alexander von Humboldt den Vulkankegel. Der deutsche Naturforscher und Abenteurer, damals 29 Jahre alt, war eigentlich auf dem Weg nach Südamerika. Auf Teneriffa machte er nur einen sechstägigen Zwischenstopp. Er nutzte die Zeit, um die Flora der Insel und ihre Geologie zu erkunden. Zugleich diente der Teide ihm als Trainingsgebiet für geplante Bergtouren in den Anden, und er wollte sein Instrumentarium am Teide erproben. Viel Verständnis zeigten die Inselbewohner nicht für die beschwerliche Unternehmung. Dennoch fand Humboldt Begleiter, die ihm den Weg wiesen und die angeblich an die 50 Messgeräte schleppten: Thermo-, Baro- und Hygrometer, Teleskope, Höhenmesser und, und, und. Tatsächlich gelang es Humboldt, die Höhe des Teide exakt zu bestimmen. Auch begann der Forscher auf Teneriffa, Klima- und Vegetationszonen zu definieren, den abnehmenden Luftdruck und die Temperaturen zu untersuchen. In den Anden setzte er diese Studien fort, später wurde er damit weltberühmt.

Der Teleférico del Teide führt bis auf 3555 m über dem Meeresspiegel – 163 m unterhalb des Teide-Gipfels

ALLE WOLLEN HINAUF

Auf demselben Weg, den Humboldt wählte, kann man den Teide heute noch besteigen. Er heißt Camino de Chasna und beginnt im Dorf Chasna. Die Tour dauert drei Tage – inklusive zweier Übernachtungen während des Aufstiegs und dem Rückweg per Seilbahn und Bus. Die Seilbahn eröffnete im Jahr 1971 nach neunjähriger Bauzeit. Sie trug mächtig zu Teneriffas Erfolg als Urlaubsinsel bei und ist noch heute eine der wichtigsten Attraktionen der Insel. Über 4 Mio. Menschen besuchen jährlich den Teide-Nationalpark (der damit der meistbesuchte Nationalpark Europas ist), ein Großteil davon benutzt auch die Seilbahn.

Auf den Gipfel – Höhepunkt des Urlaubs

Die Gondeln des Teleférico del Teide führen auf 3555 m Höhe, mehrere Aussichtspunkte liegen in der Umgebung. Wer den Gipfel besteigen möchte, braucht eine Genehmigung bzw. muss sich einer organisierten Wandergruppe anschließen. Für alle, die auf die Seilbahn verzichten möchten, gibt es eine Hütte zum Übernachten.

Mehr Infos: S. 165 und www.volcanoteide.com

Alles perfekte Wellen!

Der Mensch und sein Brett sind auf dieser Insel ein fast untrennbares Paar. Wellenreiten, Windsurfen, Kitesurfen, Bodyboarding, Stand-up-Paddling: Sportarten, bei denen man sich mit einem Brett auf dem Wasser bewegt, gehören rund ums Jahr zum Alltag.

In El Médano, im Südwesten Teneriffas, hat das Surfen ungefähr die gleiche Bedeutung wie das Fahrradfahren in Kopenhagen: Sobald ein Kind nur irgendwie in der Lage ist, sich gefahrlos im Wasser zu bewegen (statt im Straßenverkehr), stellt man es auf ein Surfbrett (statt es auf ein Fahrrad zu setzen). Nun ja, es gibt ehrlich gesagt auch Nichtsurfer, aber die diversen Wasserbrettsportarten sind aus dem Ort – bzw. aus dem Meer an seinen Ufern – überhaupt nicht mehr wegzudenken. Windsurfen spielt die Hauptrolle in direkter Ortsnähe, Wellenreiter stürzen sich bevorzugt an der Playa de la Tejita etwas weiter südlich in die Fluten – Ausnahmen bestätigen die Regel. Jedes Jahr im August messen in El Médano die Weltbesten ihr Können (siehe rechte Seite). Und anders als an vielen anderen Orten auf der Welt gehören hier nicht unbedingt Coolness, Jugendlichkeit und sonnengebleichtes Haar zur Surfkultur. Das Ganze ist eine Alltagsbeschäftigung, ein Volks-, Familien- und Freundesport für Jung und Alt, Männer und Frauen.

DIE GANZ GROSSE AUSWAHL

Während El Médano als Surfspot europaweit bekannt ist, hat sich nicht ganz so weit herumgesprochen, dass Teneriffa viele, viele weitere sehr gute Surfreviere bietet. Zwischen zwei guten Surfspots lägen nie mehr als zehn Minuten Fahrtzeit, erzählt man sich auf der Insel, zudem hat das Wasser ganzjährig angenehme Temperaturen. Andererseits sorgen Wind, Wellen und Strömungen mitten im Atlantik manchmal für ziemliche Herausforderungen, man sollte sich also immer mit den aktuellen Bedingungen vertraut machen und niemals allein surfen gehen. Spezielle Genehmigungen sind hingegen nicht erforderlich, jeder darf jederzeit und überall sein Brett zu Wasser lassen und sich draufstellen.

Während El Médano für Zuschauer der schönste, weil ereignisreichste Surfspot ist, schwören manche Sport-

Im August empfängt El Médano Teilnehmer aus aller Welt, die am PWA Windsurf World Cup teilnehmen

ler auf ganz andere Reviere. Vor allem Anfänger finden vor Los Cristianos, Playa de las Américas und Costa Adeje häufig bessere Bedingungen vor als in El Médano, das Wasser ist meist ruhiger, der Wind bläst nicht so stark. Zugleich bieten diese Orte eine gute Infrastruktur, also Ausrüstungsverleih und Surfschulen sowohl für Windsurfer als auch für Wellenreiter.

DER NORDEN LOCKT DIE PROFIS

Echte Könner und Abenteurer unter den Wellenreitern bevorzugen Surfspots rund um Teneriffas nordöstlichen Zipfel mit dem Anaga-Gebirge. Zu Füßen fantastischer Felslandschaften türmen sich nicht selten beachtlich große Wellen auf. Beliebte und anspruchsvolle Spots finden sich etwa an den Stränden und in den Buchten bei Taganana (S. 98). Selbstverständlich manifestiert sich der weltweite Stand-up-Paddling-Trend auch auf Teneriffa, insbesondere im Süden (z.B. Playa de las Américas) und an der Playa de las Teresitas nordöstlich der Inselhauptstadt (mehr Infos zum Surfen auf S. 179).

Bretter, die die Welt bedeuten

Jährlich im August findet in El Médano der PWA Windsurf World Cup statt: Wettbewerbe einer internationalen Windsurf-Regatta-Serie mit verschiedenen Disziplinen (Freestyle, Slalom, Wave und mehr). Partys begleiten die Veranstaltung, im Großen und Ganzen aber ist die Atmosphäre angenehm entspannt. Schließlich ist der Sport hier die normalste Alltagsbeschäftigung, und sogar richtig große Könner kann man in El Médano öfters mal beobachten (www.pwaworldtour.com).

Vulkanland, Gebirge, Urwald, Küste: ein Insel-Kaleidoskop

Auf dieser Tour durchfahren Reisende das Herz der Insel, den Teide-Nationalpark, und lernen viele weitere faszinierende Landschaften und auch Städte kennen. Die Strecke ist an einem Tag zu schaffen – wer sie auf zwei Tage verteilt, hat aber viel mehr davon.

Die Tour auf einen Blick:

Start und Ziel: Santa Cruz de Tenerife
Gesamtlänge: 212 km (mit Teno-Gebirge), 202 km (ohne Teno-Gebirge)
Reine Fahrzeit: 4,5 bis 5,5 Std. (Ein- oder Zweitagestour)
Orte entlang der Route: Santa Cruz de Tenerife – La Laguna – Carretera de la Esperanza – Parque Nacional del Teide – Santiago del Teide – Masca – Garachico – Puerto de la Cruz

E1 VON SANTA CRUZ ZUM CENTRO DE VISITANTES EL PORTILLO (53 km/1 Std. 15 Min.)

UNESCO-Weltkulturerbe, magische Ausblicke in die Natur und Ankunft im Vulkanland – mehr Vielfalt geht kaum

Die begrünte Plaza del Adelantado im Zentrum der einstigen Inselhauptstadt La Laguna

Auf der gesamten Tour sind die Straßen gut ausgebaut, bis auf wenige kurze Abschnitte kommt man überall schnell voran. Wer ein aktuelles Navigationssystem nutzt (Google Maps funktioniert auf der ganzen Insel über das mobile Datennetz), kommt sicher und bequem an sein Ziel. Dennoch sollte man für die Tour viel Zeit einplanen, die Anzahl an Sehenswürdigkeiten und der Reichtum an Eindrücken sind enorm. Wer mehr als eine Urlaubswoche hat, sollte erwägen, der »Traumstraße« zwei Tage zu widmen. Die Inselhauptstadt Santa Cruz de Tenerife ist in jedem Fall nur Start- und Endpunkt, weder im Rahmen einer Tages- noch bei einer Zweitagestour reicht die Zeit, um sie zu besichtigen.

Ausflügler, die die »Traumstraße« an nur einem Tag bewältigen wollen, starten am besten morgens gegen 8 Uhr in Santa Cruz. Nach einer kurzen Fahrt ist schon La Laguna (S. 80) erreicht. Ein guter Start für die Erkundung der einstigen Inselhauptstadt, deren histori-

ADAC Traumstraße: Etappen 1 bis 5 (Detailplan siehe Rückseite Faltkarte)

sches Zentrum zum UNESCO-Weltkulturerbe gehört, ist die Plaza del Adelantado. Weiter geht es auf der Calle Obispo Rey Redondo, an der Kathedrale entlang und bis zur Iglesia Nuestra Señora de la Concepción. In der Umgebung laden viele nette Cafés zur Einkehr ein. Tagesausflügler sollten bis 9.30 Uhr wieder am Auto sein.
Weiter geht es auf der TF 24 (S. 162) in Richtung Inselzentrum. Auch wer in Puerto de la Cruz wohnt, sollte nicht die Abkürzung via TF 21 nehmen, denn die Fahrt auf der TF 24 ist viel schöner, auch wenn es dort im August 2023 gebrannt hat. Kanarische Kiefern überstehen Feuer im Regelfall und erholen sich. Da auf der TF 24 keine großen Busse zugelassen sind, teilt man sich die vielen Aussichtspunkte nur mit anderen Mietwagenfahrern. Besonders sehenswerte Panoramen bieten etwa der Mirador de Montaña Grande (bei km 13) oder der Mirador de Ortuño (bei km 19). Am Eingang zum Nationalpark liegt der Mirador La Tarta (S. 164), der einen berauschenden Blick auf den Teide freigibt. Kurz danach erreicht man das Centro de Visitantes El Portillo (S. 162), das Besucherzentrum des Nationalparks.

Nicht vergessen!
Neben Kamera, Getränken, einem Imbiss, Kopfbedeckung und Sonnenschutz gehören bei dieser Tour auch Badekleidung und ein Handtuch ins Gepäck.

E2 VOM CENTRO DE VISITANTES EL PORTILLO BIS SANTIAGO DEL TEIDE (56 km/1 Std.)

Die Etappe führt durch das UNESCO-Weltnaturerbe im Inselzentrum, wo das Innere der Erde sich nach außen stülpt

Im Besucherzentrum El Portillo gibt es nicht nur Infos, sondern auch einen nachgebauten Vulkantunnel und einen kleinen botanischen Garten. Sehr viel spannender aber ist es, das Ganze in natura zu sehen, deshalb sollte man sich hier nicht allzu lange aufhalten. Wer die ganze Tour an einem Tag macht, bricht möglichst bis 11.30 Uhr am Besucherzentrum auf.

Die Fahrt durch den Nationalpark (S. 162) ist für viele Touristen der Höhepunkt ihres Urlaubs. So spektakulär sind die Farben und Formationen, die Täler und Erhebungen, die vielseitigen Panoramen. Wie schon während der Anfahrt bieten auch hier zahlreiche Miradores tolle Ausblicke, man sollte dringend hin und wieder aussteigen und den Blick schweifen lassen.

Bei einer Wanderung im Teide-Nationalpark mag man sich bisweilen auf einem anderen Planeten wähnen

Wer die beiden Hauptsehenswürdigkeiten des Nationalparks besuchen bzw. nutzen möchte, das Observatorium (S. 164) und die Seilbahn (S. 165), sollte sich im Voraus anmelden. Tagesausflüglern bleibt dafür keine Zeit, aber ihnen empfehlen sich – wie allen anderen auch – zwei Spaziergänge im Nationalpark. Der erste startet nahe der Auffahrt zur Seilbahnstation, wo ein Schild den Wanderweg Nummer 39 (»Teleférico–Montaña Blanca–Minas de San José«) markiert. Je nach Interesse und Tempo kann man auf hellem Grund, umgeben von dunklen Felsen, ein kleines oder ein etwas weiteres Stück in die Vulkanlandschaft hineinlaufen. Der zweite Spazierweg liegt an den Roques de García (S. 165). Über einige Stufen erreicht man einen Aussichtspunkt, von dem aus nicht nur der Blick auf den Teide fasziniert, sondern auch bizarre Felsen und abwechslungsreiche vulkanische Weiten zu sehen sind. Ein gut befestigter Pfad führt Richtung »Dedo de Dios«, einem Fels, der wie ein »Gottesfinger« gen Himmel weist. Nicht wenige Ausflügler erliegen der Versuchung, im nahe gelegenen Parador-Hotel einen Imbiss zu nehmen, doch das lohnt sich nicht, denn weder Speisen noch Ambiente sind empfehlenswert. Am Ende dieser Etappe, im Ort Santiago del Teide, gibt es einige nette rustikale Restaurants für ein ordentliches Mittagessen, darunter »El Patio« (Avenida de la Iglesia 4A, www.restaurante-elpatio.es). Nach Santiago führen zunächst die Landstraße TF 38 durch weiterhin eindrucksvolle Landschaften (auch außerhalb des Nationalparks) und – ein kleines Stück – die Autobahn TF 1.

E3 VON SANTIAGO DEL TEIDE VIA MASCA BIS GARACHICO (31 km/1 Std. 20 Min.)

Wir erreichen die Gebirgslandschaft des Macizo de Teno, weitläufige Bananenplantagen und idyllische Dörfer

Das kleine neue Centro de Visitantes Chinyero, das in die Vulkane der Umgebung einführt, ist wirklich einen Besuch wert, es hat eine schöne Atmosphäre und ist informativ. Wer die gesamte Route an nur einem Tag fährt, sollte aber gegen 14.30 Uhr in Santiago del Teide starten. Anschließend geht es steil bergauf, auf der Landstraße TF 436 mitten hinein ins Teno-Gebirge (S. 135) – eine Welt für sich mit menschenleeren Weiten, dicht bewachsenen Hängen, steilen Schluchten. Auch Laurissilva, der kanarische Urwald, hat sich im Naturschutzgebiet erhalten. Dörflein, winzige Weiler und vereinzelte Höfe liegen hier und dort in der zauberhaften Landschaft verstreut, teilweise wird auch noch Landwirtschaft betrieben. Zudem ist das Macizo de Teno ein Vogelschutzgebiet, in dem mit viel Glück sogar Fischadler zu sichten sind.

Bewölkter Himmel über Puerto de la Cruz und dem Norden? Das ist kein Grund, die Tour zu verschieben. Oft scheint am Teide trotzdem die Sonne.

Mehrere Aussichtspunkte liegen an der Strecke, unbedingt halten sollte man am Mirador de Cherfe, etwa auf halber Strecke zwischen Santagio del Teide und dem Dorf Masca. Er bietet einen fantastischen Rundumblick auf den Teide, über die gesamte Teno-Bergwelt und bis hin zu den Nachbarinseln La Gomera und La Palma.

Anschließend lohnt sich ein kleiner Spaziergang durch Masca (S. 136) – allerdings nur, wenn nicht gerade allzu viele Reisebusse am Dorfrand stehen. Es folgt eine weiterhin wunderschöne Fahrt mit spektakulären Küstengebirgsblicken, etwa vom Mirador de la Cruz de Hilda (S. 136). Ab Buenavista del Norte fährt man weiter auf der TF 42. Für einen weiteren Dorfspaziergang empfiehlt sich Los Silos (S. 134) – es hat zwar keine Sehenswürdigkeiten im engeren Sinn, aber dafür kann man eine schöne, authentische Atmosphäre genießen. Touristen halten hier nur selten. Durch Bananenfelder führt die Tour weiter auf der TF 42 nach Garachico.

Spektakulär abbrechende Felsen bilden die majestätische Kulisse für das Bergdorf Masca

E4 VON GARACHICO BIS PUERTO DE LA CRUZ (29 km/45 Min.)

Ein Bad im Meer, inmitten von Felsen. Und traumhafte Ausblicke auf die Nordküste

Mehr PS
Für diese Strecke braucht man ein kraftvolles Auto – die starken Steigungen überfordern einen Smart oder ähnliche Gefährte.

Abkürzung
Wer enge Serpentinen und starke Steigungen scheut, kann das Teno-Gebirge links liegen lassen und von Santiago del Teide via TF 92 direkt nach Garachico fahren.

Obwohl Garachico (S. 126) nur ein kleiner Ort ist, lohnt es sich, mindestens eine Stunde zu bleiben. Länger wäre noch viel besser, denn neben der Dorferkundung steht hier auch eine Erfrischung im Meer an – im zauberhaften Naturbad El Caletón ganz in der Nähe des Ortszentrums. Tagesausflügler sollten Garachico gegen 17 Uhr in Richtung Puerto de la Cruz verlassen.

Mindestens genauso bekannt wie Garachico ist der Ort Icod de los Vinos (S. 123), der seinen Ruhm in erster Linie dem »Drago Milenario«, dem »Tausendjährigen Drachenbaum« verdankt. Sicher, es ist Geschmackssache, aber wer authentisches Inselleben erspüren möchte und nicht alle Zeit der Welt hat, tut wohl besser daran, länger in Garachico zu bleiben und auf Icod de los Vinos zu verzichten. Wobei auch Icod ein sehr nettes Dorf ist.

Die Landstraße TF 42 führt ab Garachico zunächst durch einsames Küstengebiet, dann an Bananenplantagen entlang. Die Autobahn TF 5 ist sicherlich keine »Traumstraße«. Aber in ihrer Nachbarschaft liegen traumhafte Aussichtspunkte. Besonders empfehlenswert ist der Mirador de San Pedro (S. 122): Der Blick reicht über die eindrucksvolle Steilküste bis nach Puerto de la Cruz im Westen und weit über Felder und Felsformationen in Richtung Osten. Zudem gibt es im Restaurant am Mirador leckere Imbisse, man kann auf der Terrasse aber auch einfach nur einen Drink nehmen.

Weiter geht es auf der Autobahn und dann nach Puerto de la Cruz (S. 110) hinein, wo man den Ausschilderun-

Teneriffas Norden zeichnen steile Küsten und ein fruchtbares grünes Hinterland aus

gen Richtung »Centro histórico« oder »Ayuntamiento« (Rathaus) folgt, um das Auto im Parkhaus unter der Plaza de Europa abzustellen.

E5 VON PUERTO DE LA CRUZ ÜBER EL SAUZAL BIS SANTA CRUZ (43 km/50 Min.)

Stadterlebnisse, Strandspaziergang, Weinberge und zuletzt vielleicht ein schöner Sonnenuntergang

Ein kleiner Bummel durch die Altstadt von Puerto de la Cruz? Vielleicht ein Imbiss und ein Getränk auf der Plaza del Charco? Dies ist, sozusagen, das Gegenteil von Garachico: Touristisch, laut und trubelig, dennoch hat die Stadt durchaus ihren Charme. Den erspürt man vor allem auch, wenn man Richtung Osten spaziert und dann an der Playa Jardín (S. 114), wo Kunst, Landschaft und fröhliches Freizeitleben sich zu einem sehr schönen Ganzen verbinden, entlangbummelt.
Von Puerto de la Cruz geht es nun auf der Autobahn wieder Richtung Nordosten in die Inselhauptstadt Santa Cruz – eine schnelle, unkomplizierte Fahrt. Sie führt unter anderem durch das Weinanbaugebiet Tacoronte-Acentejo. Empfehlung: Nehmen Sie die Ausfahrt 23 und fahren Sie auf der Landstraße TF 1224 Richtung El Sauzal. Das Restaurant Las Terrazas del Sauzal (S. 90) bietet nicht nur eine hervorragende Küche, sondern auch fantastische Ausblicke auf die Küste und Weinberge sowie mit ein wenig Glück bzw. guter Planung auch ein tolles Sonnenuntergangspanorama.

Besuch auf dem Weingut
Bei einer Ankunft im Weinanbaugebiet vor dem Abend bietet sich ein Besuch in den Bodegas Monje (S. 91) an: Hier können Bei- und Mitfahrer sehr gute Weine probieren und kaufen.

Zurück zum Ausgangspunkt: Über die TF 172 wieder zur Autobahn (Auffahrt 21). Die Fahrt nach Santa Cruz dauert dann nur noch eine knappe halbe Stunde.

Hotelempfehlungen:

Wenn Sie die Tour in Tagesetappen fahren, empfehlen wir folgende Hotels:

€€ | Quinta Roja Stimmungsvolles Hotel, untergebracht in einem Gebäude aus dem 17. Jh.
» Plaza de la Libertad 1, Garachico, Tel. 922 13 33 77, www.quintaroja.com

€€ | Parador de las Cañadas del Teide Einziges Hotel im Nationalpark: Stille, Sterne, Sonnenaufgang – traumhaft.
» Las Cañadas del Teide, Tel. 922 38 64 15, www.parador.es

Unterwegs

Farben, die Lebensfreude vermitteln. Klarer Himmel, weite Blicke. Und viele Gelegenheiten, im Meer zu baden. Wie in Puerto de Santiago ist es überall auf der Insel: Teneriffa macht gute Laune.

Das will ich erleben

Den größten Ruhm genießt Teneriffa wegen des Vulkans Teide, die meisten Touristen kommen wegen des sonnigen Wetters und der Strände im Süden. Wer die Insel wirklich kennenlernen möchte, braucht Zeit – und erlebt eine überwältigende Vielfalt: sagenhafte Wälder, ein breites Angebot anspruchsvoller und unterhaltsamer Kunst und Konzerte, edle Shoppingtempel, kulinarische Hochgenüsse, entzückende Dörfer und noch viel, viel mehr.

Strände für jeden Geschmack

Teneriffa hat nicht »DEN Traumstrand«, dafür aber fast jede erdenkliche Art von Stränden: klein und verborgen, wild-natürlich, es gibt lebhafte Treffpunkte für Sport und Spiel, dunkle Strände, helle Strände ... Zu den schönsten gehören zweifellos diese:

9 Playa de las Teresitas 101
Feiner, heller Sandstrand nahe der Hauptstadt

12 Playa Jardín 114
Kunstvolle Badelandschaft in Puerto de la Cruz

25 Playa de Abama 141
Idyllische Bucht mit Top-Service bei Playa de San Juan

35 Playa de El Médano 156
Langer Sandstrand – viel Platz und oft viel Wind

Sensationelle Ausblicke

Die »Miradores« könnten ein Thema für eine ganze Reise sein. Zwei Wochen lang jeden Tag zwei bis drei Aussichtspunkte, danach ist die Seele bereichert und der Geist erholt. Die spektakulärsten befinden sich im Gebirge, im Macizo de Anaga oder natürlich auf dem Teide, doch auch anderswo sind die Weitblicke berauschend.

6 Mirador del Pico del Inglés 96
Panoramablick bis zur Nachbarinsel Gran Canaria

14 Mirador de la Corona 123
Aussicht aufs Orotava-Tal, die Küste und Plantagen

38 Mirador La Tarta 164
Wolkenmeere und die Spitze des Teide im Blick

38 Pico del Teide 165
Die ganze Insel von oben – plus Nachbarinseln

Weltweit einzigartige Natur

Der Superlativ mag etwas übertrieben klingen, doch er beschreibt genau das, was auf Teneriffa anzutreffen ist: Gebirge, Wälder und Vulkanlandschaften, wie sie rund um den Globus sonst nirgendwo zu finden sind.

Die Erde und das All begreifen

Die natürliche Umwelt ist ungewöhnlich auf Teneriffa, sei es in Bezug auf den vulkanischen Ursprung der Insel, die Tierwelten oder die genialen Bedingungen für Sternenbeobachtungen. In Ausstellungen, auf Ausflügen und Führungen erhalten Besucher interessante Einblicke.

Kunst und Konzerte auf hohem Niveau

Allein die Großstadt Santa Cruz hat zwei bedeutende Kunstmuseen und ein großes Opern- und Konzerthaus. Hinzu kommen Galerien, Museen und Veranstaltungszentren in Dörfern und kleinen Städten – wer Kulturerlebnisse sucht, kann an jedem Tag seines Urlaubs eines finden. Auch wenn man drei Wochen bleibt.

Geheimnisvolle Orte und Stunden

Ein unterirdisches Vulkanlabyrinth. Pyramiden, von denen niemand weiß, wie sie entstanden. Tief schwarze, sternenfunkelnde Nächte. Und das wundervolle Licht im dichten Nebelwald: So zauberhaft kann Teneriffa sein.

Kulinarische Genüsse

Die traditionelle Küche ist sehr einfach, und sie kann köstlich schmecken. Es heißt also: gewusst wo! Immer mehr Köche kombinieren traditionelle Speisen mit neuen Ideen. Und: Dies ist die einzige Kanareninsel, auf der Restaurants mit Michelin-Sternen bekrönt sind, und zwar gleich vier!

Dörfer für Entdecker

Teneriffas Städte wie Santa Cruz, Puerto de la Cruz oder La Laguna sind bekannt und beliebt – ebenso die Touristenzentren im Inselsüden. Doch auch wer kleine Orte mit viel Flair entdecken möchte, wird finden, was er sucht.

Geschichte und Geschichten

Wie lebten die Ureinwohner auf Teneriffa? Wie eroberten die Spanier die Insel? Wie entwickelten sich die Traditionen, die Landwirtschaft und schließlich der Tourismus? Museen und historische Gebäude geben Antworten.

16

Grüne und blühende Kunstwerke

Botanik und Gartenarchitektur spielen wichtige Rollen auf der Insel. Dank des besonderen Klimas gedeiht hier vieles prächtig. Und die zahlreichen Briten, die auf Teneriffa lebten oder leben, haben ihre Liebe für Gärten mitgebracht.

1

Märkte, Mode, Einkaufsparadiese

Riesige Shoppingmalls, mal exklusiv, mal für Normalverdiener. Kunsthandwerksläden und Markthallen für Lebensmittel: Wer den Urlaub zum Einkaufen nutzen möchte, findet auf Teneriffa ziemlich sicher die richtige Adresse.

1

Santa Cruz und der Osten

Inselhighlights dicht an dicht: die Metropole Santa Cruz, die Universitätsstadt La Laguna und das Anaga-Gebirge

Fast nahtlos gehen Santa Cruz und La Laguna ineinander über – hier die moderne, quirlige Inselhauptstadt, dort die Universitätsstadt, reich an historischer Architektur. Den nordöstlichen Zipfel der Insel nimmt in weiten Teilen das Anaga-Gebirge ein. Das UNESCO-Biosphärenreservat ist eine kaum besiedelte, zerklüftete Felslandschaft mit wertvollem Lorbeerwald und wunderbaren Naturstränden.

Das Gebiet südlich von Santa Cruz hat wenig kulturelle oder touristische Bedeutung – hält aber ein paar Schätze für Entdecker bereit, darunter die geheimnisvolle archäologische Stätte der Pirámides de Güímar.

In diesem Kapitel:

ADAC Top Tipps:

1 **Santa Cruz de Tenerife**
| Hauptstadt |
Die Stadt hat alles, was eine spanische Metropole ausmacht: Konzerthaus, Museen, Galerien, Shoppingmeile ... Hier taucht man in den echt tinerfenischen Alltag ein. 66

2 **Conjunto histórico, La Laguna**
| Altstadt |
Das historische Zentrum der Stadt gehört zum UNESCO-Weltkulturerbe, wirkt aber keineswegs museal: Studenten sorgen für viel Lebendigkeit in der Universitätsstadt. 81

3 **Cruz del Carmen**
| Landschaft |
Besucherzentrum, Aussichtsplattform und Startpunkt vieler Wanderwege: Hier liegt der touristische Mittelpunkt des schönen Anaga-Gebirges. 94

Pirámides de Güímar

| Ausgrabungsstätte |

Von den rätselhaften Stufenpyramiden kennt man weder das Alter noch die einstige Bedeutung. Ein Museum widmet sich dem Phänomen und zeigt Parallelen zu anderen Kultstätten in aller Welt. 104

ADAC Empfehlungen:

1 Museo de la Naturaleza y el Hombre, Santa Cruz

| Wissenschaftsmuseum |

Das Museum vermittelt anschaulich die Entstehung, Natur, Geschichte und Kultur der Insel. 72

2 Mercado Nuestra Señora de África, Santa Cruz

| Markt |

Das Marktgebäude präsentiert sich mit einer außergewöhnlich verspielten Architektur, vielen Köstlichkeiten und einem kunterbunten Sortiment. 73

3 Parque García Sanabria, Santa Cruz

| Park |

Grüne Lunge der Stadt und Erholungszone für Einheimische und Besucher nicht nur während der Siesta. 76

4 Karneval, Santa Cruz

| Event |

Eines der größten Volksfeste in ganz Spanien – Musik, Kostüme und pure Lebensfreude. 78

5 Bodegas Monje, El Sauzal

| Weingut |

Geführte Rundgänge ermöglichen Einblicke in das Winzerhandwerk einer Familie – und einer Insel. 91

6 Mirador del Pico del Inglés

| Aussichtspunkt |

Spektakulärer Rundblick über tiefe Schluchten, Felsen, Städte, den Teide-Gipfel und eine Nachbarinsel. 96

7 Playa de las Teresitas, San Andrés

| Strand |

Heller Sand aus der Sahara, Palmen, ruhiges Wasser: einer der schönsten Strände der Insel. 101

8 Fiesta de la Virgen de la Candelaria, Candelaria

| Religiöses Fest |

Das Fest der Schutzheiligen aller Kanaren – mit Prozessionen, katholischen Messen und viel Party. 103

9 Occidental Santa Cruz Contemporáneo, Santa Cruz

| Hotel |

Zentrale Lage, viel Komfort, günstiger Preis – das Business-Hotel ist auch für Touristen gut geeignet. 106

1 Santa Cruz de Tenerife

Großstadtleben fernab vom Tourismus

Seit 2008 bildet ein kreisrunder künstlicher See den Mittelpunkt der Plaza de España

Information

- Plaza de la Candelaria 9, Tel. 601645128, www.elcorazondetenerife.com, Mo–Fr 9–17, Sa, So 9–14 Uhr
- Parken siehe S. 77

1 *Authentisch, fröhlich und bisweilen ein bisschen rau*

Knapp 210000 Menschen leben in der Inselhauptstadt, und wer in sie eintaucht, kann leicht vergessen, dass er sich auf einer Ferieninsel befindet. Santa Cruz wirkt wie eine ganz normale spanische Großstadt – mit allen schönen Seiten (z. B. viel Gastronomie, viel Lebendigkeit, viele Parkanlagen) und manchen schlechten Seiten (hohe Arbeitslosenquote, ein starkes soziales Gefälle). Kulturell bietet Santa Cruz das komplette Spektrum einer modernen Metropole: Theater, Konzert- und Opernhaus, Museen und Kunstgalerien, ein reges Nachtleben usw. Bis auf das spektakuläre Auditorio de Tenerife verfügt die Stadt jedoch über kein Gebäude, keinen Platz, der überregional von sich reden macht. Man sollte Santa Cruz besser als Ganzes sehen und sich mindestens einen Tag, gern auch mehrere Tage Zeit nehmen, um den Puls der Inselhauptstadt zu fühlen, ihren Geist und Charme zu erfassen.

Plan S. 68/69

Das Zentrum markiert die Plaza de España, im Süden erstreckt sich das Büroviertel. Das Häusermeer endet abrupt im Norden, wo es sich an die Hänge des Anaga-Gebirges schmiegt – ein zauberhafter Anblick. Im Westen geht Santa Cruz nahtlos in die Nachbarstadt La Laguna über. Und im Meer, in den Hafenanlagen und jenseits davon, steht stets eine Reihe von Bohrinseln, die hier repariert und gewartet werden – ein Umstand, den die Stadtbewohner zwar nicht schön anzuschauen finden, der aber dringend benötigte Arbeit und Geld bringt.

Haupteinkaufsstraße ist die Calle del Castillo, an ihr reihen sich überwiegend Filialen bekannter spanischer und internationaler Handelsketten aneinander. Edlere und individuellere Geschäfte finden sich zwischen Plaza del Príncipe und Parque García Sanabria, insbesondere in der Calle del Pilar. Aber generell hat, wer shoppen möchte, in den Einkaufszentren des Inselsüdens wahrscheinlich mehr Erfolg. Der Vorteil von Santa Cruz: An den Einkaufsstraßen gibt es auch jede Menge Cafés, Büros, Wohnungen – man kann also en passant eine kräftige Dosis Stadtflair inhalieren.

Sehenswert

1 Plaza de España

| Platz |

Der zentrale und größte Platz hat nicht die wichtige Funktion wie vergleichbare Plätze in anderen Städten, ist bei der Stadterkundung und zur Orientierung aber ein Muss. Jahrhundertelang galt die am Hafen gelegene Plaza als prächtiges Tor zur Stadt und zur ganzen Insel, im 20. Jh. verkümmerte sie zum häufig verstopften, miefigen Verkehrsknotenpunkt. Seit 2008 erstrahlt sie in neuem Glanz, die Neugestaltung schuf das Schweizer Architekturbüro Herzog & De Meuron (das auch die Allianz Arena in München, die Hamburger Elbphilharmonie und das Pekinger Olympiastadion entwarf) in Zusammenarbeit mit dem tinerfenischen Architekten Virgilio Gutiérrez. Sie ließen einen großen Salzwasserteich anlegen, Bäume pflanzen und Pavillons errichten, die an Lavahöhlen und -tunnel erinnern und deren Dächer dicht

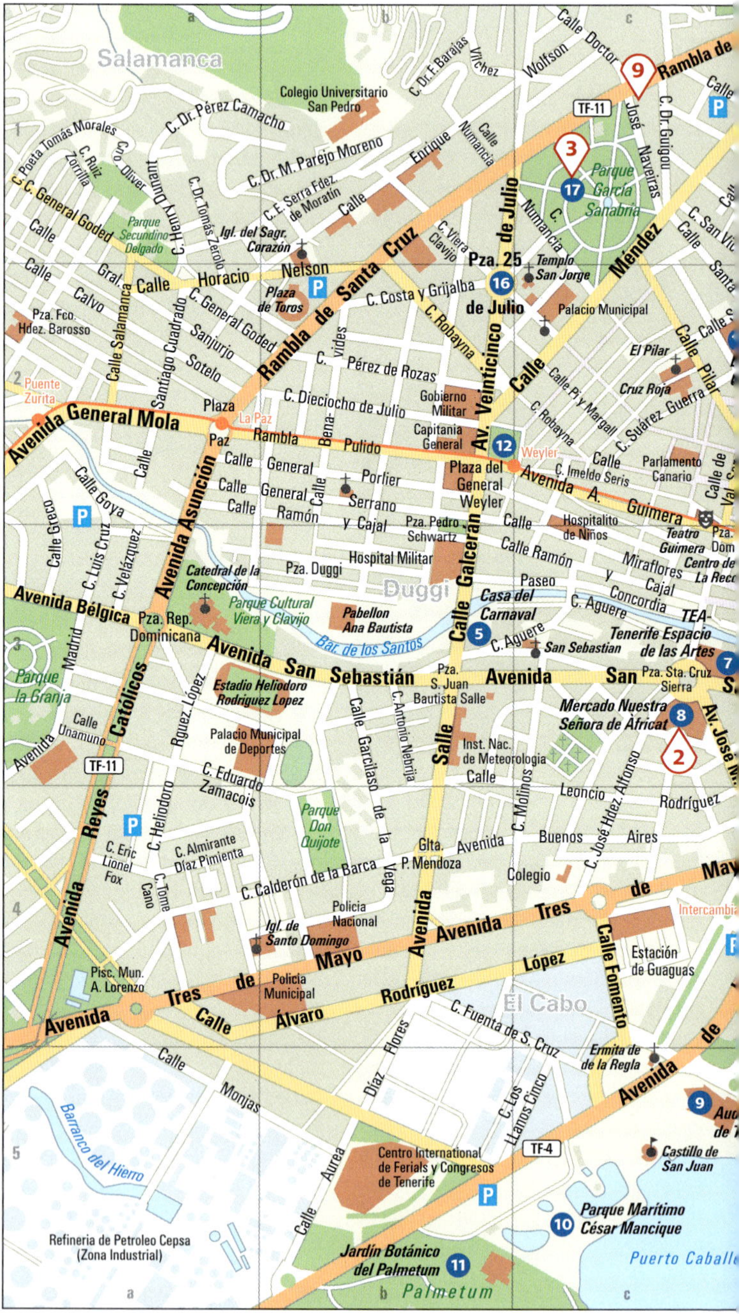

Salamanca
Colegio Universitario San Pedro
C. Dr. Pérez Camacho
C. Dr. M. Parejo Moreno
C. E. Serra Fdez. de Moratín
Igl. del Sagr. Corazón
Parque Secundino Delgado
C. General Goded
Calle Horacio Nelson
Plaza de Toros
Rambla de Santa Cruz
C. Costa y Grijalba
Pza. 25 de Julio
Templo San Jorge
Palacio Municipal
Parque García Sanabria
Rambla de
TF-11
Calle Méndez
Pza. Fco. Hdez. Barosso
Puente Zurita
Avenida General Mola
Plaza La Paz
Rambla Pulido
C. Pérez de Rozas
C. Dieciocho de Julio
Gobierno Militar
Capitania General
Plaza del General Weyler
Weyler
Av. Veinticinco de Julio
El Pilar
Cruz Roja
Parlamento Canario
Avenida A. Guimera
Teatro Guimera
Hospitalito de Niños
Calle Ramón y Cajal
Calle General Porlier
Calle General Serrano
Pza. Pedro Schwartz
Hospital Militar
Pza. Duggi
Duggi
Catedral de la Concepción
Parque Cultural Viera y Clavijo
Avenida Asunción
Calle Goya
Calle Greco
C. Luis Cruz
C. Velázquez
Avenida Bélgica
Pza. Rep. Dominicana
Pabellon Ana Bautista
Bar. de los Santos
Casa del Carnaval
Paseo Miraflores
C. Aguere
San Sebastian
Tenerife Espacio de las Artes
TEA
Calle Galcerán
Avenida San Sebastián
Pza. S. Juan Bautista Salle
Pza. Sta. Cruz Sierra
Mercado Nuestra Señora de Àfrica
Parque la Granja
Madrid
Calle Unamuno
Avenida Reyes Católicos
Estadio Heliodoro Rodríguez Lopez
Palacio Municipal de Deportes
Rguez. López
C. Eduardo Zamacois
Calle Garcilaso de la Vega
C. Antonio Nebrija
Calle Salle
Inst. Nac. de Meteorologia
Calle Leoncio Rodríguez
C. Molinos
C. José Hdez. Alfonso
Avenida Buenos Aires
Parque Don Quijote
C. Heliodoro
C. Eric Lionel Fox
C. Almirante Díaz Pimienta
C. Tome Cano
C. Calderón de la Barca
Glta. P. Mendoza
Colegio
Policia Nacional
Igl. de Santo Domingo
Avenida Tres de Mayo
Intercambiador
Estación de Guaguas
Calle Fomento
Pisc. Mun. A. Lorenzo
Policia Municipal
Calle Álvaro Rodríguez López
El Cabo
C. Fuenta de S. Cruz
Ermita de de la Regla
Avenida de
Calle Monjas
Díaz Flores
C. Los Llanos Cinco
Barranco del Hierro
TF-4
Centro International de Ferials y Congresos de Tenerife
Castillo de San Juan
Parque Marítimo César Mancique
Refineria de Petroleo Cepsa (Zona Industrial)
Calle Aurea
Jardín Botánico del Palmetum
Palmetum
Puerto Caballo

0
300 m
Cuartel de Almeyda
C. San Isidro
Glta. Arqu. Marrero Regalado
Santiago
Calle Rosa
Calle Marina
Francisco
Martín
Avenida Francisco la Roche
Dársena Sur
Dique Muelle Sur
Estacion Maritima
Policia Nacional
TF-4
Calle
Plaza Isabel II
Museo de Bellas Artes
Rivera
Muelle Ribera
C. Marina
C. B. Alfonso
Plaza de España
Nueva Dársena Sur
Cruz Verde
Plaza de la Candelaria
Castillo San Cristóbal
Monumento a Los Caidos
Primo de
Murillo
Iglesia de la Conception
Instituto Oceanografico
Ant.
Bravo
Fundación
Museo de la Naturaleza y el Hombre
Plaza de Europa
Av. José
Dársena de los Llantos
ATLANTISCHER OZEAN
Estación Maritima Los Llanos
Santa Cruz de Tenerife

bepflanzt sind. Ein ziemlich scheußliches Denkmal aus frankistischer Zeit ist »all jenen, die für Spanien ihr Leben gaben« gewidmet. Dahinter steht der trutzige Palacio Insular, das Gebäude der Inselregierung aus dem Jahr 1940 mit einem hohen Turm.

2 Castillo San Cristóbal

| Geschichtsmuseum |

Bei den Bauarbeiten zur Neugestaltung der Plaza de España kamen Ruinen dieser Burg aus dem 16. Jh. ans Licht. Einst handelte es sich um eine bedeutende Festung, die u.a. eine wichtige Rolle bei der Verteidigung Teneriffas gegen den englischen Admiral Horatio Nelson und seine Flotte im Jahr 1797 spielte. Die Burg wurde 1928 abgerissen, übrig sind nur wenige unterirdische Reste. Die Räume beherbergen eine Ausstellung über die Geschichte von Santa Cruz. Zu sehen ist auch die Kanone »El Tigre«, einer Legende zufolge wurde mit ihr ebenjener Schuss abgegeben, durch den Admiral Nelson einen Arm verlor.

■ Plaza de España, Tel. 922 28 56 05, Mo–Sa 10–18 Uhr, Eintritt frei

3 Plaza de la Candelaria

| Platz |

Der belebte Platz geht westlich von der Plaza de España ab und wirkt aufgrund seiner lang gestreckten Form wie eine breite Fußgängerstraße. Restaurants und Cafés mit großen Terrassen säumen ihn, hier bekommt man durchgehend von früh bis spät einen unkomplizierten und gar nicht teuren Imbiss, guten Kaffee, Wein oder Bier (die Tinerfeños sind – wie alle Spanier – sehr fleißige Biertrinker). Am westlichen Ende erhebt sich eine Marmorstatue der Virgen de la Candelaria, der Schutzheiligen der Kanarischen Inseln, am anderen Ende ein kleiner Brunnen. Der 1752 errichtete Adelspalast Palacio de Carta, der an den Platz grenzt, ist das wohl bedeutendste Privatgebäude der Stadt und einer der wichtigsten Barockbauten auf Teneriffa. Er verfügt über zwei typisch kanarische Innenhöfe mit Holzgalerien und -säulen. Seit Ende 2017 beherbergt der Palast die Touristeninformation mit einer Multimedia-Ausstellung über Santa Cruz.

4 Iglesia de la Concepción

| Kirche |

Im Jahr 1500 begannen die spanischen Siedler mit der Errichtung dieses Gotteshauses, seine Fertigstellung zog sich 138 Jahre hin, und schon 1652 fiel das Gebäude einem Brand zum Opfer. Der Wiederaufbau dauerte erneut lange, erst 1768 erhielt die Kirche ihren mehrstöckigen, markanten Turm. Das Innere, das eine klare Gliederung in fünf Schiffe erkennen lässt, beeindruckt mit Kassettendecken im Mudéjar-Stil, Marmorsäulen und aufwendigen Dekorationen aus geschnitztem, vergoldeten Holz am Hauptaltar. Das Zentrum des zwischen 1726 und 1731 entstandenen Altars nimmt eine Plastik der Kirchenpatronin ein. An einer hinteren Seitenwand der Kirche (rechts vom Eingang) befindet sich ein Holzkreuz aus dem Besitz des Eroberers Alonso Fernández de Lugo. Nach dem Kreuz, das ein Rahmen aus Glas und Silber schützt und ziert, wurde das Gotteshaus zunächst Iglesia de Santa Cruz (Heilig-Kreuz-Kirche) genannt. Somit war es indirekt auch Namensgeber für die Stadt.

■ Plaza de la Iglesia, Messe Mo–Fr 9 und 19.30, Sa 9, 18 und 19.30, So, Fei 9, 11, 12, 13, 18 und 20 Uhr, die Kirche öffnet jeweils 30 Min. vor der Messe

Im Blickpunkt

Restaurante, Tasca, Bar, Cafetería – die kanarische Gastronomie

Restaurants servieren traditionell das Mittagessen zwischen 14 und 16 Uhr, das Abendessen von 20 bis 23 Uhr, wobei in manchen ländlichen Gegenden etwas früher gegessen wird. In Touristenzentren passen sich viele Gastronomen den Gewohnheiten der Gäste an und öffnen früher oder durchgehend von vormittags bis nachts. Zu beiden Hauptmahlzeiten bestellt man üblicherweise mindestens zwei Gänge (Vorspeise und Hauptgericht); meist gibt es vorweg Brot, Mojo-Soße (kanarische Kräuter- oder Paprikasoße mit Öl, vergleichbar dem italienischen Pesto) und/oder andere Kleinigkeiten. Mal muss man sie bestellen, mal kommen sie ungefragt auf den Tisch, berechnet werden sie fast immer, aber in Relation zum Genuss ist der Preis gering.

Fischrestaurants heißen »pescaderías«, daneben gibt es noch viele verschiedene Arten von Speiselokalen: Als »tascas« bezeichnet man Kneipen, die einfache Gerichte anbieten – oder Restaurants mit bodenständiger, traditioneller Küche. Viele Bars oder »cervecerías« (Bierlokale) bieten Tellergerichte oder »tapas« an, also kleine Imbisse wie »tortilla« (Kartoffelomelett), »gambas al ajillo« (Garnelen in Knoblauchsoße) oder »pimientos al padrón« (kleine Paprikaschoten, gebraten und mit grobem Meersalz bestreut). Auch in »gastrobares« bekommt man kleine Speisen, aber diese Lokale verschreiben sich in der Regel der gehobeneren Küche. Viele Tinerfeños verzichten abends auf eine richtige Mahlzeit, stattdessen bummeln sie von Lokal zu Lokal und essen überall eine Kleinigkeit. Paare oder Freundesgruppen teilen sich dabei die bestellten Gerichte – jeder nascht von jedem Teller.

Pizzerias und »hamburgeserías« (Burgerlokale) sind auf Teneriffa beliebt wie in weiten Teilen Europas und nicht, wie manche Urlauber vermuten, reine »Touri-Lokale«. Wer gute, bodenständige Gerichte bevorzugt und typisch spanisch oder kanarisch essen möchte, bezahlt im touristischen Süden und in Puerto de la Cruz ungefähr den eineinhalbfachen Preis wie in der Hauptstadt oder in anderen Teilen der Insel.

5 Casa del Carnaval

| Karnevalmuseum |

Das Museum widmet sich dem wichtigsten und größten Volksfest Teneriffas, dem Karneval. Es zeigt Filme, Modelle und Erklärungen zur Kultur und Historie, besonders faszinierend sind die echten Kostüme von Karnevalsköniginnen aus der Vergangenheit und Gegenwart. Dabei handelt es sich nicht nur um prächtige Kleiderentwürfe, sondern um wahre Gesamtkunstwerke, die teilweise eine ganz eigene Geschichte erzählen. Den Besuchern stehen im Museum auch Kleidung und reichhaltiges Make-up zur Verfügung, um sich selbst zu kostümieren.

■ Calle Aguere 17, Tel. 922046020, www.casacarnavalsantacruz.com, tgl. 10–18.30 Uhr, Eintritt frei

ADAC Mobil

Überlandbusse halten am zentralen Busbahnhof Intercambiador nahe dem Auditorio de Tenerife, von dort geht es zu Fuß oder in wenigen Minuten per Taxi zur Plaza de España. **Autofahrer** parken den Wagen am besten gleich in einem der vielen Parkhäuser oder am Hotel (alle auf S. 106 genannten Häuser haben Gästeparkplätze) – und lassen ihn dort bis zur Abreise aus Santa Cruz stehen. In Santa Cruz ist Autofahren anstrengend und auch gar nicht nötig.
Obwohl die Stadt so groß ist, lassen sich alle sehenswerten Viertel gut zu Fuß erreichen. Wenn die Füße müde sind, ist das Taxi die beste (und nicht teure) Alternative. Busse haben in Santa Cruz nur wenige Haltestellen, so fehlt etwa eine Verbindung zwischen Busbahnhof und Plaza de España. Fahrpreis pro Strecke in der Stadt: 1,45 €, Bezahlung beim Fahrer, Fahrpläne: www.titsa.com. Weiter nach La Laguna geht es in etwa 30 Min. mit der Straßenbahnlinie 1, 1,35 € pro Strecke (www.metrotenerife.com).

6 Museo de Naturaleza y Arqueología

| Wissenschaftsmuseum |

1 *Ein Haus zum Verständnis der Insel und ihrer Menschen*

Wie entstanden die Kanaren? Wie ist Teneriffa geologisch und geografisch beschaffen? Wie verhält sich das Klima? Die Pflanzen- und Tierwelt? Wie lebten die Ureinwohner? Wie kamen die Spanier nach Teneriffa? Wie eroberten sie die Insel, wie lebten sie hier in den ersten Jahrhunderten? Dieses Museum gibt einen umfassenden Überblick über die natürlichen und kulturellen Gegebenheiten auf der Insel – lebhaft und gut verständlich, mit vielen Fundstücken, Modellen, Bildern, Beispielen. Allerdings auch mit vielen Texttafeln ausschließlich in spanischer Sprache. Die im Eintrittspreis enthaltenen Audioguides geben die kompletten Informationen nur auf Spanisch, auf Deutsch gibt es kurze Zusammenfassungen. Beliebteste Abteilungen: Physiologie und Medizin der Ureinwohner (mit vielen Guanchen-Schädeln) sowie Bestattungskultur (mit Guanchen-Mumien).

■ Calle Fuente Morales, Tel. 922535816, www.museosdetenerife.org, Mo–Sa 9–19, So, Fei 10–17 Uhr, 5 €, Kinder unter 8 Jahren Eintritt frei, Schüler/Studenten 3,50 €

7 TEA – Tenerife Espacio de las Artes

| Kunstgalerie |

Schon der im Jahr 2008 eröffnete Bau selbst ist ein Kunstwerk, verantwortlich für die Architektur war dasselbe Team, das auch bei der Neugestaltung der Plaza de España Regie führte: das Schweizer Büro Herzog & De Meuron mit dem tinerfenischen Architekten Virgilio Gutiérrez. Den vielschichtigen Komplex, in dem auch eine Bibliothek, ein Kino und eine Cafetería untergebracht sind, integrierten sie in einen Hang, die Außenmauern sind aus dunkelgrauem Beton, aus den Dächern ragen Kästchen, die wie Schornsteine aussehen – tatsächlich sind es Oberlichter, die für einen indirekten Tageslichteinfall sorgen. Überhaupt stehen die hellen, luftigen Innenräume im Kontrast zum wuchtigen Äußeren. Der Zutritt zur Galerie erfolgt über einen großen, leeren Hof, sodass Besucher Abstand zur quirligen Stadt gewinnen. Gezeigt werden wechselnde Ausstellungen aktueller internationaler Kunst: Malerei, Grafik, Fotografie, Skulptur und Design. Sowohl die Architektur als auch die Ausstellungen unterstreichen Santa Cruz' Status als echte, weltgewandte Großstadt.

■ Avenida de San Sebastián 10, Tel. 922 84 90 57, www.teatenerife.es, Di–So 10–20 Uhr, Eintritt frei

8 Mercado Nuestra Señora de África

| Markt |

Außergewöhnliche Markthalle, kunterbuntes Sortiment

Das Marktgebäude ist im verspielten, maurisch-andalusischen Stil gestaltet: offene Innenhöfe, von Arkaden gesäumt, darunter befinden sich Läden und Stände für Gewürze, Gemüse, Obst, Wein, Fleisch und Feinkost, Blumen, Asia-Artikel und vieles mehr. Beeindruckend ist die enorme Auswahl an Kartoffelsorten, und sehr preiswert sind Früchte, die auf Teneriffa selbst wachsen (Papayas, Orangen, Kaktusfeigen usw.). Im Untergeschoss befinden sich eine große Halle für Fisch und Meeresfrüchte sowie ein Supermarkt. An einer angrenzenden Straße stehen blaue Buden, in denen es vormittags preisgünstige Haushaltswaren, Kleidung und Krimskrams zu kaufen gibt. Das dem Markt angeschlossene Einkaufszentrum ist dagegen eher trostlos.

■ Markthalle: Calle San Sebastián, www.la-recova.com, Mo–Sa 6–14, So 7–14 Uhr, der Supermarkt und andere Geschäfte sind auch nachmittags und abends geöffnet, Straßenstände Avenida José Manuel Guimerá tgl. 9–14 Uhr

9 Auditorio de Tenerife

| Konzerthaus |

Direkt am Meeresufer und am südlichen Eingang zur Innenstadt steht das 2003 eröffnete Gebäude. Dank der ex-

Der Mercado Nuestra Señora de África ist eine hervorragende Adresse für Lebensmittel

ADAC Mittendrin

Morgens Strand, abends Sinfoniekonzert: Auf diese Idee kommen nur wenige Touristen. Doch der Besuch eines klassischen Konzertes im **Auditorio de Tenerife** lohnt unbedingt, nicht nur wegen der Musik (mit renommierten internationalen Dirigenten und Solisten), sondern auch wegen der Atmosphäre. Hier erlebt man die tinerfenische Gesellschaft von einer besonderen – und besonders authentischen – Seite.

ponierten Lage grüßt es nicht nur Anreisende aus Richtung Süden schon von Weitem, sondern ist auch noch aus weiter Entfernung vom Anaga-Gebirge aus zu sehen. Das schwungvolle Veranstaltungshaus erinnert je nach Betrachtungsweise an ein vom Wind aufgeblähtes Segel, an eine Muschel mit Perle oder auch an rauschende Meereswellen. Der Anblick fasziniert besonders nachts bei kunstvoller Beleuchtung. Das Auditorio gestaltet hat der Stararchitekt Santiago Calatrava aus Valencia, der international insbesondere für seine luftigen Brückenkonstruktionen bekannt ist, aber auch bedeutende Museumsgebäude und Bahnhöfe schuf. Im Auditorio spielt regelmäßig das tinerfenische Sinfonieorchester (Orquesta Sinfónica de Tenerife), zudem finden hier Opern- und Musicalaufführungen statt sowie Konzerte von Klassik über Jazz und Weltmusik bis Pop und Rock.

■ Avenida de la Constitución 1, www.auditoriodetenerife.com, Gebäudeführungen in der Regel Mo–Sa mehrmals tgl., wechselnde Zeiten je nach Veranstaltungen (Anmeldung Tel. 922 56 86 25)

10 Parque Marítimo César Manrique

| Freizeitkomplex |

Die Badelandschaft wurde nach ihrem Gestalter benannt, César Manrique (1919–1992) von der Insel Lanzarote. Sie eröffnete 1995, posthum also, und war das letzte Werk des großartigen Architekten und Künstlers. Der Sport- und Freizeitkomplex umfasst drei Meerwasserschwimmbecken und weite Terrassen mit Sonnenliegen und -schirmen. Inseln, Wasserfälle, Lavafelsen und viel Grün sorgen für ein angenehmes, kunstvolles und erholsames Ambiente.

■ Avenida de la Constitución 5, Tel. 922 22 93 68, www.parquemaritimosantacruz.es, tgl. 10–18, im Sommer 10–19 Uhr, 5 €, Kinder 1,50 €

11 Jardín Botánico del Palmetum

| Botanischer Garten |

Auf einem einstigen Müllberg entstand der größte Palmengarten Europas mit Palmen aus aller Welt. Wasserläufe, Teiche und Wasserfälle bringen Dynamik in die Parkanlage, und von den Aussichtspunkten eröffnen sich schöne Blicke auf die Stadt, das Meer und das Anaga-Gebirge.

■ Avenida de la Constitución 5, Tel. 922 22 93 68, www.palmetumtenerife.es, tgl. 10–17 Uhr, 6 €, Kinder 2,80 €

12 Plaza del General Weyler

| Platz |

Der kleine, nicht sehr auffällige Platz wurde 1893 als Kavallerieplatz und Vorplatz des Militärhauptquartiers Capitanía General geschaffen. In seiner Mitte steht ein Marmorbrunnen im Stil der Neorenaissance. Den Kiosk mit großem Terrassencafé nutzen Einheimische gern für eine Shoppingpause.

13 Plaza del Príncipe

| Platz |

Der lauschige Platz ist nicht spektakulär, hat aber eine wichtige Funktion als Treffpunkt, Ruhezone und Zentrum eines Stadtteils mit vielen Geschäften und Cafés. Die Plaza liegt erhöht und ist über Treppen zu erreichen, Bänke stehen unter Schatten spendenden Palmen und alten, knorrigen Lorbeerbäumen. Hier machen Angestellte der umliegenden Büros und Läden eine Zigarettenpause, Mütter stillen ihr Baby, junge Leute schreiben Handy-Nachrichten. Ein Springbrunnen plätschert, Vögel zwitschern, Menschen plaudern im Terrassencafé mit Jugendstilpavillon. Sehenswert (jedoch nicht für Besucher geöffnet) ist der an den Platz grenzende Sitz des Gesellschaftsclubs Círculo de Amistad, Anfang des 20. Jh. erbaut im schwindelerregend verspielten Hochzeitstortenstil.

14 Museo de Bellas Artes

| Kunstmuseum |

Das städtische Museum verfügt über eine reiche Sammlung wertvoller Gemälde und Skulpturen, den Schwerpunkt bildet die spanische und kanarische Malerei des 19. und 20. Jh. Ausgestellt ist jeweils nur eine übersichtliche Auswahl, hinzu kommen wechselnde Schauen zeitgenössischer kanarischer Kunst.

■ Calle José Murphy 27, Tel. 922 24 43 58, Di–Fr 10–20, Sa, So 10–14 Uhr, Eintritt frei

15 Espacio Cultural Caja-Canarias

| Kunstgalerie |

Sehr unterschiedliche, immer hochwertige und kurzweilige Kunstausstellungen präsentiert die Bank CajaCanarias in ihrem Hauptgebäude. Auch Konzerte und andere Veranstaltungen sind hier zu erleben.

Die Plaza 25 de Julio zieren Bänke mit Keramikfliesen aus den 1920er-Jahren

■ Plaza del Patriotismo 1, Tel. 922 47 11 00, www.cajacanarias.com, Mo–Fr 10–13.30, 17.30–20, Sa 10–13.30 Uhr, Eintritt frei (auch bei Konzerten)

16 Plaza 25 de Julio (Plaza de los Patos)

| Platz |

Der Platz 25 de Julio soll an den 25. Juli 1797 erinnern, an dem Admiral Horatio Nelson nach einem missglückten Stadtbesetzungsversuch in die Flucht geschlagen wurde. Die Einheimischen nennen den kleinen, aber sehr bekannten Platz stets Plaza de los Patos (Platz der Enten), obwohl den zentralen Brunnen außer einer einzigen Entenfigur acht Frösche zieren.

Die Bänke rund um den Platz schmücken kunstvolle andalusische Keramikkacheln, auf denen sich teilweise die Sponsoren der Bänke verewigt haben, darunter ein Fischpökelbetrieb und eine Zigarrenmanufaktur.

17 Parque García Sanabria

| Park |

3 *Grüne Lunge der Stadt und weitläufige Erholungszone*

Die grüne Lunge der Stadt erstreckt sich über 70 000 m² und ist nicht nur ein Erholungsgebiet, sondern auch ein dicht bepflanzter, saftig grüner botanischer Garten mit mehr als 200 Pflanzenspezies, darunter besonders viele Palmen und Wasserpflanzen. Zugleich dient der Park als Open-Air-Galerie, moderne Skulpturen internationaler Künstler verteilen sich über das gesamte Areal – wie auch entlang des angrenzenden Boulevards Ramblas de Santa Cruz. Im Zentrum des Parks erhebt sich ein großer Brunnen mit einer sehr üppigen weiblichen Statue. Es gibt keine Rasenflächen, aber im Schatten an den breiten Wegen und schmalen Pfaden stehen viele Bänke, auf denen Einheimische und Touristen gern erholsame Siestastunden verbringen. Wer die Parkanlage aus Richtung Südwesten von der Calle General O'Donell aus betritt, trifft auf eine magisch wirkende, dicht bewachsene Bambusallee. Außerdem gibt es zwei Spielplätze, ein Café sowie eine Bar mit Restaurant.

■ Rund um die Uhr geöffnet

ADAC Mittendrin

Zwischen 14 und 17 Uhr machen viele Angestellte der umliegenden Büros und Läden ihre Mittagspause im **Parque García Sanabria**. Sie holen sich Obst, ein Sandwich oder ein »bocadillo« (belegtes Brötchen) aus einem Café, setzen sich dann auf eine Bank, essen und träumen allein, plaudern mit Kollegen oder telefonieren. Wer sich unter sie mischt, erspürt die authentische Mittagsstimmung der Berufstätigen.

Die Cafetería im Parque García Sanabria ist von dichter Vegetation umgeben

Parken

Interparking Tiefgarage ■ Plaza de España, www.interparking.es, 1,50 €/Std., 9,95 €/Tag, Plan S. 68/69 d2

Empark Ramón y Cajal Tiefgarage ■ Calle Ramón y Cajal, www.empark.com, 2,20 €/Std., 16,90 €/Tag, Plan S. 68/69 c3

Intercambiador de Santa Cruz ■ Am Busbahnhof, 1,50 €/Std., max. 15 €/Tag, Plan S. 68/69 c4

Restaurants

€€ | **Bodegita Canaria** Gemütlicher Familienbetrieb, versteckt und klein. Er serviert solide Speisen, wie sie auch die Einheimischen mögen. Im Zentrum von Santa Cruz, nur wenige Meter von der Plaza de España entfernt, hat sich das Lokal auf die tradtionelle kanarische Küche spezialisiert. ■ Calle Imeldo Serís 18, Tel. 922 29 32 16, www.bodeguita-canaria.com, tgl. 13–16, 19–23, So nur 13–16 Uhr, Plan S. 68/69 d3

€€ | **La Concepción** Junge kanarische Küche, teils nordafrikanische und vegetarische Gerichte. Große Außenfläche, jung-fröhliche Einrichtung drinnen. Viele weitere gute Lokale gibt es in derselben Straße. ■ Calle Antonio Domínguez Alfonso (La Noria) 4, Tel. 922 27 40 62, tgl. außer Mo von mittags bis nachts, Plan S. 68/69 d3

€€ | **La Herbita** Klassisches rustikales Restaurant, das authentische kanarische Küche serviert. Der Wein, der zu den Gerichten gereicht wird, stammt vom eigenen Weingut. ■ Calle Clavel 19, Tel. 922 24 46 17, www.lahierbita.es, tgl. 12–24 Uhr, Plan S. 68/69 c2

€€ | **Tasca La Rebotica** Das rustikale Lokal serviert einfache kanarische Küche. Schön sitzen die Gäste draußen am Vorplatz der Kirche San Francisco. ■ Calle San Francisco 17, Tel. 922 28 53 47, www.tascalarebotica.com, Mo, Mi–Fr mittags und abends, Fr–So durchgehend bis abends, Plan S. 68/69 d2

Cafés

Café Palmelita Niedliches Café an der Einkaufsstraße, antiquarische Einrichtung, gute Kuchen und Torten, Außenplätze. ■ Calle Castillo 9, Tel. 922 15 03 55, www.palmelita.es, tgl. von morgens bis abends, Plan S. 68/69 d2

Cafetería Parque García Sanabria Großes Terrassencafé am Rande des Parks, direkt neben einem Spielplatz. Die kleinen Speisen und Getränke sind zwar nichts Besonderes, aber man sitzt hier sehr schön und kann sich gut unter die Stadtbewohner mischen. ■ Calle Mendez Núñez 50, tgl. von morgens bis nachts, Plan S. 68/69 c1

Pastelaría Díaz Sehr gute Kaffeespezialitäten, große Auswahl an heißen Schokoladen und Tees, sensationelle Kuchen und Torten. Das modern gestaltete Café hat keine Außenplätze. Hier kann man auch tinerfenische Feinkost kaufen, etwa edle Essige oder Mandeln im Gofio-Mantel. ■ Calle Valentín Sanz 37/Plaza del Príncipe, Tel. 922 28 10 21, www.pasteleriadiaz.com, tgl. von morgens bis abends, Plan S. 68/69 c2

Kneipen, Bars und Clubs

Calle Antonio Domínguez Alfonso (»La Noria«) Die von allen nur »La Noria« genannte Fußgängerstraße wird von zahlreichen Restaurants, Cafés und Bars gesäumt. An den Donnerstag-, Freitag- und Samstagabenden wandelt sie sich zur Ausgehzone; auch draußen, auf den Terrassen, ist dann viel los. ■ Plan S. 68/69 c/d3

Strasse Park Tagsüber ein Open-Air-Café und -Restaurant, abends und nachts (an Wochenenden) eines der typischen spanischen Lokale, in denen ganz unterschiedliche Menschen – junge und alte Paare, Freundesgruppen, Familien mit Kindern – gemeinsam trinken, lachen, flirten, sich (lautstark) amüsieren. Die Terrassen der Bar ragen auf zwei Ebenen in den Park hinein. ■ Rambla de Santa Cruz (am Rand des Parque García Sanabria), Tel. 922106582, www.instagram.com/strassepark, Mo–Mi, So 9–24, Do–Sa 9–2 Uhr, Plan S. 68/69 c1

Einkaufen

Islenio Große und gute Auswahl an Produkten, die auf den Kanarischen Inseln hergestellt werden. Die Palette deckt fast alles ab und reicht von Wein, Mojo und Honig bis zu Seifen, Postkarten und T-Shirts. ■ Pl. de la Candelaria 6, Tel. 922243932, Mo–Fr 10–20.30, Sa nur bis 20 Uhr, Plan S. 68/69 d2

El Corte Inglés DIE spanische Kaufhauskette ist mit nur einem Haus auf Teneriffa vertreten, v.a. Produkte renommierter Labels, nicht ganz billig. Das Angebot umfasst neben Modeartikeln auch Haushaltsgeräte, Möbel, Spiel- und Schreibwaren, Kameras, Computer u.v.m. ■ Avenida Tres de Mayo 7, Tel. 922 849400, www.elcorteingles.es, Mo–Sa 9.30–21.30 Uhr, Plan S. 68/69 c4

Events

4 **Karneval** Der Karneval in Santa Cruz ist eines der wichtigsten Volksfeste Spaniens, und er gilt als das zweitgrößte Fest seiner Art weltweit – nach Rio de Janeiro. Die Feierlichkeiten auf Teneriffa sind aber weitaus weni-

Im Blickpunkt

Salsa, Samba und brennende Sardinen

Schon die ersten spanischen Siedler feierten Karneval auf den Kanarischen Inseln, seither ist das Fest hier nicht mehr wegzudenken – insbesondere nicht auf Teneriffa. Das Karnevalsverbot des Diktators Franco umgingen die Inselbewohner, indem sie »Winterfeste« veranstalteten. Heimgekehrte Tinerfeños, deren Familien nach Amerika ausgewandert waren, brachten schließlich die karibisch-lateinamerikanische Karnevalskultur auf die Insel.

Es gibt zwei Arten von Karnevalsgruppen auf Teneriffa: »Murgas« tragen satirische Lieder vor, die sich auf Politik und Gesellschaft beziehen. »Comparsas« sind Musik-, Tanz- und Gesangsgruppen, mit Samba, Salsa, Merengue und schillernder Garderobe verbreiten sie lateinamerikanisches Flair.

Mit dem »Begräbnis der Sardine« endet der Partymarathon. Die Karnevalsgemeinde legt ihre Verkleidung ab und hüllt sich in Trauergewänder. Begleitet von lautem Wehklagen wird ein riesenhafter Fisch aus Pappe verbrannt. In Santa Cruz finden Umzüge und Partys an den traditionellen Tagen rund um Rosenmontag statt. Im Süden der Insel sowie in kleineren Städten und Dörfern feiert man an anderen Terminen. Wer möchte, kann also viele Wochen am Stück den Karneval genießen.

Der Karneval markiert in Santa Cruz den Höhepunkt im jährlichen Festkalender

ger kommerziell und auch weniger gefährlich als in Brasilien. In Santa Cruz feiert wirklich die ganze Stadt, vom Kind bis zum Greis, alle verkleiden sich und machen mit bei den Umzügen und den Partys auf fast allen Straßen und Plätzen. Überall sorgen Orchester, Bands und DJs für Musik, auch der Bürgermeister und Vorstandsvorsitzende wichtiger Unternehmen tanzen – die Männer besonders gern in Frauenkleidern. Wichtigste Termine: die Wahl der Karnevalskönigin am Mittwoch vor Rosenmontag (wird landesweit im TV übertragen); erster großer Umzug mit Karnevalskönigin und allen Kandidatinnen am Freitag; »Ritmo y Harmonía« (Wettbewerb der Karnevalsvereine) am Samstag, anschließend Party in der ganzen Stadt; großer Abschlussumzug am Dienstag; Karnevalsende mit Trauerumzug am Aschermittwoch. ■ Alljährlich vom Mittwoch vor Rosenmontag bis Aschermittwoch, www.carnavaldetenerife.com

In der Umgebung

Centro Comercial Añaza Carrefour

| Einkaufszentrum |

Wer im Urlaub in Ruhe shoppen möchte und sich nicht auf der Suche nach lokalen Produkten oder ungewöhnlichen Entdeckungen befindet, ist hier richtig. In der riesigen Shopping Mall , die mehr als 100 Geschäfte bietet, findet man bekannte Modegeschäfte, Wohndesign, Sonnenbrillenläden, Parfümerien, Sportausstatter und, und, und. Ein weiteres Plus: Es gibt Gastronomiebetriebe, falls man zwischendurch Hunger bekommt, einen großen Supermarkt und 2000 kostenlose Parkplätze. Hier kaufen hauptsächlich Einheimische ein, fast keine Touristen. Somit bekommt man einen guten Einblick in die tinerfenische Alltagskultur.

■ Autopista del Sur, km 5,9 (Urbanización Añaza), www.ccanazacarrefour.com, Mo–Sa 9–22 Uhr

2 La Laguna

Einstige Inselhauptstadt mit perfekt erhaltenem Kern

Blick vom Turm der Kirche Nuestra Señora de la Concepción auf La Laguna

Information

- Calle Obispo Rey Redondo 7, Tel. 922 63 11 94, turismo.aytolalaguna.es, Mo–Fr 9–16.30, Juli–Sept. nur bis 15.30 Uhr
- Parken siehe S. 87

Der Stadtplan, den das Touristenbüro kostenlos verteilt (es gibt ihn auch zum Download) gibt einen ersten Überblick: Ein nummerierter Markierungspunkt reiht sich in der Altstadt an den anderen – das wirkt übertrieben, ist es aber nicht. Tatsächlich säumen historische Gebäude aus dem 16. bis 18. Jh. die Straßen dicht an dicht, rund 400 Bauten sind denkmalgeschützt, seit 1999 steht das gesamte Ensemble auf der Liste des UNESCO-Weltkulturerbes (und ist damit die einzige Stätte mit diesem Status auf allen Kanarischen Inseln).

San Cristóbal de la Laguna, so der offizielle Name (den aber niemand im Alltag verwendet) ist die älteste Stadt Teneriffas und war die erste Hauptstadt der Insel. Alonso Fernández de Lugo, Eroberer und Adelantado (Gouverneur), gründete die Stadt im Jahr 1496, sie wurde im Schachbrettmuster angelegt und diente als Vorbild für mehrere Städte Lateinamerikas, etwa Havanna (Kuba), San Juan (Puerto Rico)

Plan
S. 82

und Antigua (Guatemala). Das spanische Wort Laguna bedeutet See, benannt wurde die Stadt nach einem großen Regenwasserreservoir in der Nähe – erst im Jahr 1837 wurde der See trockengelegt. Die Stadt befindet sich in einem Hochtal 600 m über dem Meeresspiegel, dadurch ist das Klima angenehm kühl, die Umgebung fruchtbar, und dank der umliegenden Berge waren keine Stadtmauern nötig.

Inselhauptstadt blieb La Laguna bis 1833, bis heute sorgt die Universität nicht nur für Bildung, sondern auch für viel junges, lebendiges Flair. Von den 155 000 Einwohnern sind 25 000 Studierende. Zudem fungiert der Ort als religiöses Zentrum nicht nur für Teneriffa, der hier ansässige Bischof ist auch für die Inseln El Hierro, La Gomera und La Palma zuständig.

Die vielen Sehenswürdigkeiten, v. a. aber die freundliche Atmosphäre im 0,7 km^2 großen historischen Zentrum machen die Stadt zu einem erlebnisreichen und zugleich entspannenden Ausflugsziel, immer mehr Gäste bleiben inzwischen auch über Nacht. Die Verkehrsverbindungen nach Santa Cruz oder auch zum Wandern ins Anaga-Gebirge sind hervorragend, es gibt keinen Verkehrslärm, dafür eine unendlich scheinende Vielzahl an schönen Cafés und Restaurants, in denen man einkehren kann.

Sehenswert

1 Conjunto histórico

| Altstadt |

2 *UNESCO-Weltkulturerbe – und ganz viel junges Leben*

Von der Kirche Iglesia Nuestra Señora de la Concepción im Nordwesten bis zur Plaza del Adelantado im Südosten erstreckt sich die Altstadt mit den Hauptstraßen Calle San Agustín, Calle la Carrera und Calle Herradores. Seitdem die UNESCO das Stadtviertel 1999 ins Weltkulturerbe aufnahm, wurden die meisten Straßenabschnitte für den Autoverkehr gesperrt. Es gibt keine Leuchtreklamen, die Möbel der Straßencafés sind aus Holz, alle Sonnenschirme beige und ohne Werbung.

Überall sieht man Studenten miteinander trinken, lernen und flirten. Auffällig

ADAC Mobil

Die Altstadt von **La Laguna** ist weitgehend autofrei, es gibt ausreichend Parkplätze und Parkhäuser, alles ist angenehm zu Fuß zu erreichen, die Distanzen sind gering. Tagesausflügler ab Santa Cruz erreichen La Laguna in einer halben Stunde mit der Straßenbahn (Linie 1). Immer mehr Touristen entscheiden sich für die umgekehrte Variante: Übernachtung in La Laguna, Ausflug nach Santa Cruz.

auch: die Vielzahl an vegetarischen und veganen Restaurants, Yogastudios, »herbolarios« (Kräuterläden) und »ecotiendas« (Bioläden) – die alternative Szene ist quicklebendig inmitten altehrwürdiger Gemäuer. Allerdings wirken die vielen Paläste dank ihrer farbenfrohen Anstriche eher freundlich als Ehrfurcht einflößend. Eindrucksvoll sind sie dennoch, mit ihren mächtigen Portalen, den Holzbalkonen und prachtvollen Innenhöfen.

Wer nur zwei bis drei Stunden in La Laguna bleibt, sollte die Zeit besser für einen Spaziergang nutzen, statt Museen und Kirchen zu besichtigen. An allen wichtigen Gebäuden wurden Infotafeln mit Texten auf Spanisch, Englisch und Deutsch angebracht.

2 Plaza del Adelantado

| Platz |

Der einst wichtigste Platz der Stadt wurde benannt nach dem ersten Adelantado (Gouverneur) Teneriffas, Alonso Fernández de Lugo. Er war Marktplatz, Schauplatz religiöser Feste und anderer Veranstaltungen. Heute hat er an gesellschaftlicher Bedeutung eingebüßt, ist aber ein perfekter Start-

punkt für einen Stadtrundgang. Am Platz versammeln sich auch einige der wichtigsten Gebäude von La Laguna: etwa das Rathaus (Ayuntamiento), das aus insgesamt sechs aneinandergrenzenden Gebäuden besteht, errichtet 1511, mit neoklassischer Hauptfassade von 1822; außerdem der Convento de Santa Catalina de Siena (S. 87), der Adelspalast Palacio de Nava und der moderne Justizpalast (eröffnet 2013). Die Markthalle aus dem 20. Jh. erlitt während der Bauarbeiten am Justizpalast so starke Beschädigungen, dass sie geschlossen werden musste. In der Mitte der Plaza steht ein wertvoller Marmorbrunnen (um 1870).

3 Casa Alvarado Bracamonte

| Historisches Wohnhaus |

Das Haus, das die Touristeninformation beherbergt, gehört zum Rathaus; im ersten Stock hat der Bürgermeister sein Büro. Anders als bei den meisten anderen Gebäuden des Komplexes ist weit mehr als die historische Fassade erhalten geblieben. Álvaro Bracamonte, für den es errichtet wurde, war der erste Generalkapitän der Insel. Das Haus ist ein hervorragendes Beispiel für die Wohnverhältnisse reicher Familien im 17. und 18. Jh. Den zentralen Innenhof umgibt eine Galerie aus kanarischer Kiefer, die Säulen sind teils aus Lavastein gefertigt – ein Zeichen für Wohlstand, denn es war wesentlich aufwendiger, den harten Stein zu verarbeiten als Holz. Von den zwei Treppen wurde die große von der Herrschaft, die kleinere vom Personal genutzt. Im hinteren Bereich um den zweiten Innenhof wurden die Kutschen verwahrt, dort befanden sich auch Stallungen und Arbeitsräume.

■ Calle Obispo Rey Redondo, 7

4 Catedral de Nuestra Señora de los Remedios

| Kirche |

Ab 1515 entstand an dieser Stelle die gleichnamige Kirche, sie wurde 1819 zur Kathedrale aufgewertet. Die aktuelle klassizistische Fassade stammt von 1820, davor wachsen schöne Drachenbäume und riesige Palmen. Das restliche Gebäude wurde Anfang des 20. Jh. errichtet und ist eine der ersten Kirchen Spaniens, die aus Beton gefertigt wurden. 2014 wurde das Gotteshaus einer umfassenden, rund elf Jahre dauernden Restaurierung unterzogen. Die meisten Kapellen zeigen historisierende Retabeln aus dem 20. Jh. Einer der wichtigsten Schätze befindet sich in der Remedios-Kapelle: der barocke Altaraufsatz (1715), filigran geschnitzt und vergoldet, mit einer Marienfigur, deren Kopf 500 Jahre alt ist, und sieben Gemälden, die dem flämischen Maler Hendrick van Balen zugeschrieben werden, dem Lehrer von Van Dyck. Große Besonderheit in dieser Kirche: Besucher dürfen echte Kerzen entzünden.

■ Plaza de la Catedral, www.lalagunacatedral.com, Mo–Fr 9.30–18, Sa 10–12.30 Uhr, 6 €, Kinder bis 13 Jahre frei, Jugendliche 4,50 €, ab 65 Jahren 5 €

ADAC Spartipp

Für Sparfüchse ist La Laguna ein echtes Highlight: Es gibt täglich kostenlose, sehr gute Stadtführungen auf Deutsch (Anmeldung in der Touristeninformation).
Freien Eintritt gewähren die Museen Palacio Lercaro – Museo de Historia y Antropología und Museo de la Ciencia y el Cosmos freitags und samstags von 16 bis 20 Uhr.

5 Iglesia Nuestra Señora de la Concepción

| Kirche |

Die Ursprünge der ältesten Kirche der Stadt gehen auf das frühe 16. Jh. zurück, das aktuelle Gebäude stammt aus dem 18. Jh. Im Inneren beeindrucken die detailreich geschnitzten Holzdecken sowie die Säulen und Bögen aus Lavagestein. Es gibt nur kleine Fenster, sodass eine düster-andächtige Stimmung herrscht. Die Kirche selbst ist äußerlich unscheinbar und hat keine dekorierte Hauptfassade, dafür ist der sechsstöckige Glockenturm umso auffälliger, er gilt als Wahrzeichen der Stadt. Von oben bietet sich ein schöner Ausblick auf das bunte Häusermeer, die vielen Palmen der Stadt und auf die »natürliche Stadtmauer«, die umliegenden Berge.

■ Plaza de la Concepción, Mo 10–14, Di–Fr 10–17 Uhr, 2 € (Kirche und Turm)

6 Ex-Convento de San Agustín

| Kloster |

In ihrem 1504 gegründeten Kloster betrieben die Augustiner ab dem Jahr 1701 das erste Gymnasium aller kanarischen Inseln. Auch nach der Säkularisierung des Gebäudes im 19. Jh. und bis ins 20. Jh. hinein befand sich hier eine angesehene Schule, in der etliche Kanarier auf der Schulbank saßen, die später zu Ruhm gelangten, darunter der Schriftsteller Benito Pérez Galdós und der Maler Óscar Domínguez.

Der Eingang befindet sich am Fuß des Glockenturms, dahinter liegt ein wunderschöner Kreuzgang mit Kamelienbäumen und anderen Pflanzen. In die Säulen aus rötlichem Stein haben Schüler Namen und Botschaften geritzt. Die Klosterkirche liegt in Ruinen, sie fiel 1964 einem Feuer zum Opfer. Häufig sind in den Räumen des Klosters Kunstausstellungen zu sehen.

■ Calle San Agustín 48, nur bei Ausstellungen geöffnet: Mo–Fr 11–14, 17–20, Sa, So 11–14 Uhr, Eintritt frei

7 Palacio Episcopal (Casa Salazar)

| Bischofspalast |

Das Gebäude wurde im 17. Jh. als Wohnsitz einer adligen Familie errichtet, seit dem 19. Jh. dient es als Bischofssitz. Die sehr fein gearbeiteten Säulen und andere Steinmetzarbeiten an der Fassade sprechen für eine hohe Investition des Bauherren, denn dunkler Vulkanstein ist schwer zu bearbeiten. Besichtigt werden kann auch der Innenhof mit wertvollen Steinmetzarbeiten, einem Brunnen mit einer Marienstatue und einem kleinen Garten. Anders als in den meisten anderen historischen Häusern ist hier sogar die Treppe aus Stein, nicht aus Holz.

■ Calle San Agustín 28, Mo–Fr 10–13.30 Uhr, 2 €

8 Palacio Lercaro – Museo de Historia y Antropología

| Geschichtsmuseum |

Ein reicher italienischer Kaufmann ließ das Gebäude im Jahr 1593 als Wohnsitz für seine Familie errichten. Im pompösen (und öffentlich zugänglichen) Innenhof sind Säulen aus für Teneriffa ungewöhnlich hellem Stein zu bestaunen, den der Bauherr Lercaro wohl auswählte, da er ihn an Marmor erinnerte. Ganz besonders filigran sind hier die geschnitzten Dekorationen der geschlossenen Holzgalerien.

Das Museum für tinerfenische Geschichte, in einem Teil der historischen Räume untergebracht, widmet sich dem Zeitraum von der spanischen Eroberung bis zum 20. Jh. Thematische Schwerpunkte liegen auf der Wirtschaft (von einfacher Landwirtschaft bis zum Tourismus) und auf dem täglichen Leben der Inselbewohner.

■ Calle San Agustín 22, Tel. 922 82 59 49, www.museosdetenerife.org, Di–Sa 9–20, So 10–17 Uhr, 5 €, Kinder frei, freier Eintritt für alle Fr, Sa 16–20 Uhr

9 Fundación Cristino de Vera

| Kunstgalerie |

In einem edlen Wohngebäude aus dem 18. Jh. residiert heute ein gemeinsames Kulturprojekt des in Santa Cruz geborenen Künstlers Cristino de Vera (geb. 1931) und der Bank CajaCanarias. Im Erdgeschoss zeigt die Bank wechselnde Ausstellungen mit Werken kanarischer Künstler, der Schwerpunkt liegt auf der Kunst des 20. Jh. Eine Ausstellung im ersten Stock präsentiert Werke von de Vera, die Schau wird jährlich geändert. Im historischen, überdachten Innenhof finden Konzerte und andere Veranstaltungen statt, der Eintritt ist grundsätzlich frei.

■ Calle San Agustín 18, Tel. 922 26 28 73, www.fundacioncristinodevera.org, www.cajacanarias.com, Mo–Fr 10–14, 17–20, Sa 10–14 Uhr, Eintritt frei

10 Casa Montañés

| Palast |

Der Adelspalast aus dem 18. Jh. beherbergt heute eine Behörde, zu besichtigen sind nur die Fassade und der Innenhof, aber beides ist mehr als ein paar oberflächliche Blicke wert. Das Portal weist aufwendige Steinmetzarbeiten auf, auch die Eingangstür ist reich verziert. Den Hof umgibt eine geschlossene Holzgalerie, der untere Bereich ist mit (zeitgenössischen) Kacheln aus Sevilla verkleidet, Holzsäulen ruhen auf Steinsockeln, in der Mitte steht ein Brunnen. Im zweiten Stock befindet sich, wie in vielen altkanarischen Häusern, ein Getreidespeicher.

Am Ende der Fußgängerzone erhebt sich die Iglesia Nuestra Señora de la Concepción

Das große Radioteleskop auf dem Dach des Museo de la Ciencia y el Cosmos (S. 88)

■ Calle San Agustín 16, www.consultivodecanarias.org/casa, geöffnet während der Bürozeiten, Eintritt frei

11 Santuario del Cristo de La Laguna

| Kirche |

Die Kirche des Convento de San Francisco, mit deren Bau 1506 begonnen und die mithilfe der zu diesem Zweck gesammelten Spenden errichtet wurde, beherbergt eine der am meisten verehrten Christusdarstellungen der Stadt, eine Holzskulptur flämischer Herkunft aus dem frühen 16. Jh. Das dazugehörige Kreuz und die Einfassung des Kunstwerks sind komplett aus getriebenem Silber gefertigt, das damals in großen Mengen aus Südamerika herangeschafft wurde.

■ Plaza del Cristo, www.cristodelalaguna.com, tgl. 8–21 Uhr

12 Museo-Monasterio de San Juan Bautista/Museo-Monasterio de Santa Clara

| Museum für religiöse Kunst |

Das am wenigsten bekannte Museum von La Laguna hat eine ganz zauberhafte Atmosphäre. Untergebracht ist es in zahlreichen Räumen des vor wenigen Jahren sanierten Klarissenklosters San Juan Bautista (auch Museum und Kloster Santa Clara genannt) aus dem frühen 18. Jh. In wunderschönen Räumlichkeiten mit alten Holzdecken und -böden sind Skulpturen, Gemälde, Gold- und Silberarbeiten sowie eine Vielzahl anderer Kunstwerke ausgestellt. Für jedes Exponat gibt es viel Raum, auch das Lichtkonzept verstärkt die Wirkung der Arbeiten. Schönstes Element der kleinen Klosterkirche ist die geschnitzte Decke über dem Altarraum. Die Kirche ist nur während der täglichen Messen um 18 Uhr zugänglich, dann hört man auch den schönen Gesang der Nonnen. Am äußeren Bild des Klosters fällt der Holzaufbau auf einem Turm ins Auge: ein großer vergitterter Holzbalkon, eine Art geschlossene Dachterrasse im maurischen Stil, »ajimez« genannt.

■ Calle Viana 38, Tel. 922 25 72 60, Do–Sa 10–17 Uhr, 3 €, Kinder frei

13 Convento de Santa Catalina de Siena

| Kloster |

In dem im 17. Jh. gegründeten und erbauten Dominikanerinnenkloster, das der hl. Katharina von Siena geweiht ist, lebten früher über 100 Nonnen in Klausur, heute sind es noch vier. Damit die Schwestern das Treiben an der Plaza del Adelantado verfolgen können, ohne selbst entdeckt zu werden, wurde dem Gebäu-de ein »ajimez« (vergitterter Holzbalkon) angefügt. Die Klosterkirche steht Besuchern offen, sie hat eine edle Holzdecke im Mudejar-Stil und einen silberverzierten Altar. An jedem 15. Februar wird der unverweste Leichnam der 1731 gestorbenen Schwester María ausgestellt.

■ Plaza del Adelantado, Mo 10–14, Di–Fr 10–17 Uhr, 2 €

14 Iglesia de Santo Domingo de Guzmán

| Kirche |

Die Kirche im Osten der Universitätsstadt gehört zum einstigen gleichnamigen Kloster, das im Jahr 1838 aufgegeben wurde. Der Gebäudekomplex fällt insbesondere wegen des ungewöhnlichen, zweidimensionalen Glockenturms ins Auge. Das kleine Gotteshaus stammt ursprünglich aus dem 16. Jh., wurde aber vielfach verändert. Im 20. Jh. kamen schließlich großflächige Wandmalereien des kanarischen Künstlers Antonio González Suárez und seines festlandspanischen Kollegen Mariano de Cossío hinzu. Seit 1986 sind die Kirche und das ehemalige Kloster als Gebäude von kulturellem Interesse auf den Kanarischen Inseln aufgeführt.

■ Calle Santo Domingo, www.santodomingo2019.blogspot.com, Mo 10–14, Di–Fr 10–17 Uhr, 2 €

Parken

Aparcamiento Adelantado ■ Nordöstlich angrenzend an die Plaza del Adelantado, kostenlos, Plan S. 82 c2

Parking Las Quinteras ■ Calle Quinteras, 0,60 €/Std., 7,50 €/Tag, parking.muvisa.com, Plan S. 82 c3

Parking Rodríguez Moure ■ Calle Rodriguez Moure 26, 0,60 €/Std., 7 €/Tag, parking.muvisa.com, Plan S. 82 b1

Restaurants

€ | **Somos lo que comemos** Vegane Tapas, köstlich und supergünstig, im winzigen Nachbarschaftslokal. Es gibt ein preiswertes Mittagsmenü, und auch der Wein ist nicht teuer. ■ Paseo Aguere 16, Eingang bei Calle El Juego 14, Tel. 673 75 82 93, Mo–Sa von morgens bis spätabends, Plan S. 82 b3

€€ | **Bodegón Viana** Rustikale Kneipe mit traditioneller kanarischer Küche. Hier gibt es auch schon mal Gofio-Mousse zum Dessert. ■ Calle Viana 35, tgl. 12–24/24.30 Uhr, Plan S. 82 b2

€€ | **Patio Canario** Gute iberische und kanarische Küche in einem fast 300 Jahre alten Haus mit schönem Innenhof. ■ Calle Manuel de Ossuna 8, Tel. 922 26 46 57, www.patiocanariolalaguna.com, So–Do mittags und abends, Fr, Sa durchgehend, Plan S. 82 b2

Das Anbaugebiet Tacoronte ist eine bedeutende Weinregion Teneriffas

€€ | Taberna El Remojo Bodenständige, aber nicht derbe kanarische Küche, Inselweine, gemütliches und ruhiges Ambiente. ■ Calle Rodriguez Moure 14, Tel. 822101417, Di–Sa mittags und abends, So nur mittags, Plan S. 82 b1

€€€ | Restaurante Guadyll Hochwertige spanische Gerichte, aber auch Internationales kommt aus der Küche. Das Ambiente ist edel-schlicht. ■ Calle Dean Palahi 26, Tel. 617543231, Mo–Sa 13.30–16, 20–22.30 Uhr, Plan S. 82, b2

Kneipen, Bars und Clubs

San Cristóbal Gastrobar Bier, Wein, kleine Imbisse und köstliche Menüs. Schönes, luftiges Ambiente. ■ Calle Ascanio y Nieves 9, Tel. 922367815, Mi–Mo mittags bis nachts, Plan S. 82 a1

Einkaufen

Atlántida Kanarische Weine kann man hier für 2 € pro Glas probieren und gleich mitnehmen. Dazu gibt's kanarische Craft-Biere, Gofio, Mojos, Fruchtgelees und mehr Feinkost. Winziger Laden, netter Service. ■ Calle San Agustín 55, Tel. 922252928, Mo–Mi 10–13.30, 17–20.30, Do, Fr 10–13.30, 17–22, Sa 10–14, So 11–14 Uhr, Plan S. 82 b1

Centro Comercial Alcampo La Laguna Einkaufscenter mit Shops bekannter Marken, Restaurants und dem Supermarkt Alcampo mit riesigem Angebot an frischen Produkten und Spezialitäten. ■ Autopiste Santa Cruz–La Laguna, Salida 7 B Las Chumberas, www.ccalcampolalaguna.es, Plan S. 82 südl. c3

Los Calados Trachtenröcke, -blusen, -hosen ... Es muss ja nicht gleich eine komplette tinerfenische Tracht sein, aber ein einzelnes Kleidungsstück kann ein tolles Souvenir sein. Vielleicht auch ein Hut? Oder gar nur ein Tuch? ■ Calle Alcalde Alonso Suárez Melián 24, Tel. 922262569, www.loscalados.es, Mo–Fr 10–13, 17–20, Sa 10–13 Uhr, Plan S. 82 a1

Mercado Municipal Feiner kanarischer und spanischer Käse, pittoresk gestapeltes Obst und Gemüse, Fisch, Fleisch, Aufschnitt, Brot, Süßigkeiten, internationale Feinkost: Der Markt ist die beste Adresse für den Lebensmitteleinkauf. Außerhalb der Hallen befinden sich Stände mit Kleidung, Blumen und lebenden Tieren. ■ Plaza del Cristo, tgl. 7–14 Uhr, Plan S. 82 nördl. c1

Kinder

Museo de la Ciencia y el Cosmos Eine unterhaltsam-informative Ausstellung für Kinder, Jugendliche und verspielte Erwachsene: Mithilfe von optischen, chemischen und physikalischen Experimenten, Multimedia-Spielen und Mitmachstationen lernt man, die Welt ein wenig besser zu verstehen. Unterteilt ist das Ganze in die Bereiche Universum, Sonne, Erde und Mensch. Die Erklärungen sind leider fast nur auf Spanisch. ■ Avenida Los Menceyes 70, Tel. 922315265, www.museosdetenerife.org, Di–Sa 9–20, So 10–17 Uhr, 5 €, Kinder bis 7 Jahre frei, Schüler/Studenten 3,50 €, freier Eintritt für alle Fr, Sa 16–20 Uhr

In der Umgebung

Real Club de Golf Tenerife

| Golfplatz |

Der älteste Golfclub der Insel, gegründet 1932, muss als einziger nicht ununterbrochen bewässert werden und hat auch in den Sommermonaten angenehme Temperaturen, denn er liegt auf 600 m Höhe in einer relativ regenreichen Gegend. Viel alter Baumbestand, teilweise mit Teide-Blick.

■ Calle Campo de Golf 1, Tacoronte, www.rcgt.es

3 Tacoronte

Beschauliches Zentrum einer bedeutenden Weinregion der Insel

Information

■ Carretera Tacoronte–Tejina 2, Tel. 92257 0015, Mo–Fr 9–13 Uhr

Wein gedeiht fast überall auf der Insel, doch in wenigen Regionen bestimmt er die Wirtschaft und den Alltag so stark wie hier, im Zentrum der »Denominación de Orígen Tacoronte-Acentejo«. Tacoronte ist ein ruhiges Städtchen ohne Top-Sehenswürdigkeiten und mit wenig Tourismus. Ein hübscher, etwa 30-minütiger Spaziergang führt vom Convento San Agustín mit der Kirche Iglesia del Cristo (18. Jh.) durch den kleinen Parque Hamilton zur Alhóndiga, einem großen alten Getreidespeicher aus dem 17. Jh., und zur Iglesia Santa Catalina Mártir de Alejandría (16./18. Jh.). Die wirklichen Schätze des Ortes liegen jedoch vor seinen Toren.

Im Blickpunkt

Mehlbrei und Kartoffeln mit Soße

Die wichtigsten Speisen der Insel sind denkbar schlicht – und doch so köstlich, so gesund. Gofio ist Mehl aus geröstetem Getreide und war schon bei den Altkanariern ein Hauptnahrungsmittel. Traditioneller Gofio wird aus Weizen hergestellt, beliebt sind auch die Varianten aus Mais oder Gerste. Zum Frühstück schmeckt Gofio mit Milch und Honig, mittags oder abends verrührt man ihn mit Brühe, das heißt dann »escaldón«. Dazu schmecken Fisch oder Fleisch und Zwiebeln. Gerade in letzter Zeit ist Gofio wieder besonders populär, so gibt es auch Gofio-Cremes als Dessert oder Gofio-Eis.

»Papas arrugadas« heißt übersetzt »runzelige Kartoffeln«, sie werden mit Schale in sehr salzigem Wasser gekocht (früher nahm man Meerwasser). Obligatorisch dazu sind »mojos«, kalte Soßen aus Kräutern oder Paprika, Knoblauch und Öl. Roter »mojo« passt am besten zu Fisch, grüner zu Fleisch.

Parken

Eine Stunde kostenlos an der Hauptstraße oder auf einem großen, sandigen Parkplatz hinter dem Rathaus (nahe Convento San Agustín).

Restaurants

€€ | Las Terrazas del Sauzal Gartenlokal im knapp 5 km entfernten El Sauzal mit spektakulärem Ausblick auf die umliegenden Weinberge und die Küste, herrlich v. a. bei Sonnenuntergang. Kanarische Küche mit Raffinesse. Auf der Terrasse kann man auch nur einen Kaffee, Cocktail oder Tapas zu sich nehmen. ■ Calle Sierva de Dios 9, El Sauzal, Tel. 922571491, www.terrazasdelsauzal.com, Mi–Fr mittags bis abends durchgehend, Sa, So morgens (Brunch) bis abends

In der Umgebung

Casa del Vino

| Weinmuseum |

Wo und wie wird der Wein auf Teneriffa angebaut? Was macht den traditionellen, was den modernen Weinbau aus? Fragen wie diese beantwortet das Weinmuseum, das auf einem alten Landgut untergebracht ist, sodass man nebenbei auch einen Einblick in historische Arbeits- und Wohnräume erhält. Dem Museum angeschlossen ist die Casa de la Miel mit einer kleinen Ausstellung über die Honigproduktion auf Teneriffa. Das Café-Restaurant der Casa del Vino bietet hochwertige kanarische Küche, eine reiche Auswahl guter Weine (viele Sorten auch glasweise), köstliche Kuchen und Torten sowie eine Terrasse mit schönem Panoramablick.

Im Blickpunkt

Wein, Wasser und Gebräu

Der Vulkanboden und die warmen Temperaturen sind gute Voraussetzungen für den Weinbau. Trauben gedeihen in weiten Teilen der Insel, besonders intensiv ist die Weinwirtschaft im Norden und Nordosten, wo die Sonne nicht so brennt und es regelmäßig regnet. Insgesamt hat Teneriffa fünf »Denominaciones de Orígen«, eine »D.O.« ist in Spanien die geschützte Herkunftsbezeichnung für ein Anbaugebiet. Die tinerfenischen Winzer produzieren sowohl Weiß- als auch Rotweine, die Qualität ist großteils sehr gut, entsprechend hoch sind die Preise. Exportiert werden die Weine überwiegend in die USA. Auch das Mineralwasser der Insel ist hochwertig, versickertes Regen- und Schneewasser wird durch Vulkangestein gefiltert und mineralisiert. Große Marken sind z. B. Fonteide (aus dem Orotava-Tal) und Fuente Alta (Vilaflor). Das seit 80 Jahren in Santa Cruz gebraute Bier der Marke Dorada schmeckt leicht und frisch wie der Urlaub auf der Insel. In letzter Zeit sind neue Varianten auf den Markt gekommen wie Dorada Limón (Zitrone) und das Schwarzbier Dorada Esencia Negra. Auf Teneriffa wie überall auf der Welt sind Craft-Biere im Trend, sie heißen hier »cervezas artesenales«. Einen Namen gemacht hat sich die Gourmetbrauerei Tacoa (El Sauzal bei Tacoronte), ihr Werbeslogan: »0 % Bullshit, 100 % Craft Beer«.

Die Casa del Vino in El Sauzal vermittelt Einblicke in das Winzerhandwerk

■ Calle San Simón 49, El Sauzal, Tel. 922 57 25 35, www.casadelvinotenerife.com, Museum Di–Sa 10–20, So 10–18 Uhr, Café/Restaurant Di–Sa vormittags bis 23 Uhr durchgehend, So bis 18.30 Uhr, 3 €, Kinder frei

Bodegas Monje

| Weingut |

5 *Einblicke ins Winzerhandwerk in einer malerischen Landschaft*

Seit 1750 betreibt die Familie Monje das Winzerhandwerk, heute baut Felipe Monje auf seinem 17 ha großen Weingut verschiedene Rebsorten an, deren Früchte er im eigenen Weinkeller verarbeitet. Gut 150 000 Flaschen kommen jedes Jahr heraus, sie kosten zwischen sieben und mehreren hundert Euro. Zum Weingut gehören ein schöner Laden für Wein und Kunsthandwerk sowie ein Restaurant mit gehobener kanarischer Küche. Zudem können Besucher die eindrucksvollen Weinkeller mit 200 Jahre alten Eichenfässern und modernen Stahltanks im Rahmen von Führungen besichtigen. Auch Kunstausstellungen, Sportveranstaltungen und andere Events werden in der Bodega organisiert – es lohnt sich, auf die Website zu schauen.

■ Camino Cruz de Leandro 36, El Sauzal, Tel. 922 58 50 27, www.bodegasmonje.com, tgl. 10–19 Uhr, Führungen tgl. 11, 13, 15, 17 Uhr, Restaurant Di–So tagsüber

Mesa del Mar

| Strand |

Ziemlich unattraktiv bebaut ist der Badeort, doch hinter einem Fußgängertunnel (am großen Parkplatz) verbirgt sich ein schöner Strand, die Playa de la Arena, 350 m lang und 30 m breit, mit schwarzem Sand und Blauer Flagge. Es gibt Duschen und WCs, alles ist barrierefrei sowie für Kinder geeignet. Und die schlimmen Hochhäuser sieht man von hier aus gar nicht.

El Pris

| Strand |

In dem kleinen Ort verbringen einheimische Familien ihre Sommerwochenenden und -urlaube, es gibt aber auch dauerhafte Einwohner, die professionell der Fischerei nachgehen. Baden kann man geschützt in einem Naturschwimmbad, in den Wellen des offenen Meeres oder an einem kleinen schwarzen Strand. In den Terrassencafés geht es sehr ruhig zu, ausländische Touristen erscheinen hier fast nie.

4 Valle de Guerra

Das Tal der Blumen, der Früchte – und der Gewächshäuser

Information

■ Zuständig ist das Büro in La Laguna, siehe S. 80.

In dieser Gegend der Insel gedeihen viele Bananen und Weintrauben, aber auch zahlreiche andere Obst- und Gemüsesorten: Papayas, Mangos, Erdbeeren, Avocados, Tomaten ... Zudem ist das Tal der Blumengarten von Teneriffa, fast alle Blumen, die man in Läden kaufen kann, kommen von hier. Das klingt jedoch idyllischer, als es aussieht – ein Großteil der Früchte und Blumen wächst in einfachen Gewächshäusern aus Plastikfolie. Anders als oft behauptet, rührt der Name »Tal des Krieges« nicht von den Auseinandersetzungen zwischen Ureinwohnern und Spaniern her, sondern bezieht sich auf den Adligen Don Lope Fernández de la Guerra, dem die neu eroberten Ländereien zugesprochen wurden.

Sehenswert

Casa de Carta – Museo de Historia y Antropología

| Volkskundemuseum |

Das große, edle Wohngebäude aus dem 18. Jh. gehörte einst der Familie Guerra, die über die gesamten umlie-

Der Besuch der Naturschwimmbäder von Bajamar ist ein Erlebnis

genden Ländereien verfügte. Heute beherbergt der Komplex ein Museum, das sich der tinerfenischen Kultur in Vergangenheit und Gegenwart widmet. Zu sehen sind etwa Keramik, Webstühle, geflochtene Körbe, eine historische Küche – und viele prächtige, farbenfrohe Trachten. Im idyllischen Garten, auf mehreren Ebenen angelegt, wachsen uralte Palmen, Lorbeerbäume, riesige Feigenkakteen; es rauscht ein künstlicher Wasserfall.

■ Calle Vino 44, Tel. 922 54 63 08, www.museosdetenerife.org, tgl. 10–17 Uhr, 5 €, Kinder bis 7 Jahre Eintritt frei, Schüler und Studenten 3,50 €, freier Eintritt für alle Fr, Sa 14–17 Uhr

Jóver

| Naturbad |

An Sommerwochenenden kommen die Menschen aus den umliegenden Orten gern her, um im großen, gepflegten Naturbad zu schwimmen. In der winzigen Siedlung bieten einfache Restaurants frischen Fisch. Unter der Woche stehen vielleicht ein paar ältere Männer am Ufer und angeln, ansonsten sind kaum Besucher anzutreffen, auch die Gastronomie ist zuverlässig nur an Wochenenden geöffnet.

5 Bajamar

Feriensiedlung mitten im Nirgendwo, ganz ohne Pauschaltouristen

Information

■ Callejón Teresita Cristina 5, Zugang über Avenida del Gran Poder 27, Tel. 922 54 06 12, Mo–Fr 9–13.30, Juli–Sept. 8.30–13 Uhr

Rundherum nur Landwirtschaft, im Hintergrund das Anaga-Gebirge – und hier, an der Küste: ein mittelgroßer Ferienort mit großen Gebäuden aus den vergangenen Jahrzehnten. Ein bisschen Gastronomie, ansonsten ist kaum etwas los. Hierher kommt man, um zu baden, sich auszuruhen und zu wandern. Bei Reiseveranstaltern ist Bajamar nicht im Programm, überwiegend verweilen hier Besitzer von Ferienwohnungen, die in den Inselstädten leben, oder sie vermieten ihre Apartments an Individualtouristen.

Sehenswert

Piscinas naturales

| Naturbad |

Verschieden große Schwimmbecken, in die Felsküste gehauen, natürliche Pools und eine vor der Brandung des Ozeans geschützte Bucht ergeben zusammen eine schöne Badelandschaft für Erwachsene und Kinder. Es gibt Serviceeinrichtungen, etwa Umkleidekabinen, Duschen und Toiletten.

Restaurants

€€ | Bar-Restaurante Cofradía de Bajamar Direkt oberhalb der Badelandschaft wird eine gute, authentische Fischküche serviert. ■ Calle Barranco San Juan, Edificio el Mirador 1, Di, Do–So von mittags bis abends durchgehend

Cafés

Café Melita Guter Kaffee, deliziöse Torten und Kuchen genießt man in gemütlichem Ambiente oder auf der Terrasse mit tollem Blick. Auch Salate, Sandwiches und andere kleine Speisen hält die Karte bereit, perfekt auch für Vegetarier. ■ Carretera General de Bajamar 171, Tel. 922 54 08 14, www.palmelita.es

Bei Cruz del Carmen führen gut ausgebaute Wanderwege durch den Nebelwald

In der Umgebung

Punta del Hidalgo

| Feriensiedlung |

Rund 2 km östlich von Bajamar erstreckt sich diese Siedlung mit Hotels und Apartmenthäusern, einem vom Meer abgetrennten Naturbad und kleinen natürlichen Pools in den Lavafelsen. Markantestes Gebäude ist der strahlend weiße Leuchtturm, dessen Architektur an Orgelpfeifen erinnert, allerdings von gigantischem Ausmaß. Die Küstenpromenade geht jenseits des Leuchtturms in einen Wanderpfad über. Wer im Zentrum von Punta de Hidalgo startet, erreicht nach etwa 45 Min. den Aussichtspunkt Mirador de San Mateo mit der Touristeninformation und einer Bushaltestelle.

Wandern

Am **Mirador de San Mateo** bei Punta del Hidalgo beginnen verschiedene befestigte und markierte Wanderwege – bzw. sie enden hier, denn vom Anaga-Gebirge zur Nordküste geht es überwiegend abwärts. Besonders schöne Gebirgslandschaften und weite Panoramablicke genießen Wanderer auf dem Weg **PR-TF 11** von oder nach Cruz del Carmen (s. u.). Er ist knapp 12 km lang, Höhenunterschied: +489 m/ -1780 m, Gehzeit beim Abstieg ab Cruz del Carmen: etwa 5 Std., Schwierigkeitsgrad: mittel. Informationen beim Besucherzentrum Cruz del Carmen, der Touristeninformation Bajamar sowie im Internet unter www.tenerifeon.es.

6 Cruz del Carmen, Macizo de Anaga

3 *Wandern im Nebelwald des Biosphärenreservats*

Information

■ Besucherzentrum: Carretera Las Mercedes, km 6, La Laguna, Tel. 922 63 35 76, reservabiosfera.tenerife.es, tgl. 9.30–16, im Sommer nur bis 15 Uhr, manchmal unregelmäßig geöffnet, Infos gibt es im Café bzw. Laden gegenüber

Ein Parkplatz, ein Aussichtspunkt, ein Infobüro – was zunächst wenig spektakulär erscheint, ist doch eine der wichtigsten Adressen aller Kanarischen Inseln: Hier befindet man sich im touristischen Zentrum des Macizo de Anaga, des Anaga-Gebirges, das in weiten Teilen mit dem wertvollen und wunderschönen Lorbeerwald bedeckt ist. Eine einzigartige Landschaft und ein perfektes Wandergebiet mit vielen gut ausgebauten und beschilderten Wegen. Das Gebirge erstreckt sich östlich der Linie Santa Cruz–La Laguna–Tejina über eine Fläche von 145 km², die höchste Erhebung ist Cruz de Taborno mit 1020 m. Wer nicht wandern möchte oder kann, fährt auf der Höhenstraße TF12 von Cruz del Carmen Richtung Osten und genießt spektakuläre Ausblicke auf dicht bewaldete Massive und zerklüftete Felsen, hinab in tiefe Schluchten, hinüber bis zur Küste, zum Meer und an klaren Tagen bis nach Gran Canaria. Das sehr dünn besiedelte Gebiet wurde 2015 zum UNESCO-Biosphärenreservat erklärt.

Sehenswert

Lorbeerwald

| Landschaft |

Direkt am Parkplatz beginnen drei Rundwege durch saftig grünen, dichten (und erstaunlich wenig besuchten) Lorbeerwald. Die kürzeste Strecke misst 400 m, dauert nur 20 Min. und ist auch für Rollstuhlfahrer geeignet. Der zweitlängste Rundweg beträgt 544 m, der längste 1272 m (100 m Gefälle). Die Routen sind mit Erklärungstafeln zu Flora, Fauna und Geologie versehen.

Mirador Cruz del Carmen

| Aussichtspunkt |

Auf der Höhe von 920 m über dem Meeresspiegel eröffnet sich ein weiter Panoramablick über dicht bewachsene

Im Blickpunkt

Lorbeerwald

Feucht- oder Nebelwald, Urwald, Laurisilva (so die spanische Bezeichnung) oder gern auch Zauberwald: Viele Namen trägt die Landschaft, die sich hier seit 40 Mio. Jahren kaum verändert hat. Am dichtesten wächst der Wald in Höhenlagen um 700 m. Uralte, knorrige Lorbeerbäume, die moosbewachsenen Stämme winden sich in skurrilen Formen, an ihren Ästen hängen lange Flechten; viele Meter hohe Baumheide, von ausladenden Farnen bewachsene Felswände; Johanniskraut, der endemische Viñátigo (Indische Persea) und viel, viel Efeu: Fast immer in neblig-milchiges Licht getaucht, hat dieser Wald eine zutiefst eindrucksvolle, fast schon magische Ausstrahlung.

Im Tertiär waren weite Teile Europas mit vergleichbarem Lorbeerwald bedeckt, der die Eiszeit nicht überstand. Auf Teneriffa bekommen Besucher also eine Ahnung davon, wie es einst auf dem europäischen Kontinent aussah – auch wenn der Inselwald durch Menschenhand gezähmt wurde.

Berge, die Ebene von La Laguna, Dörfer, Landwirtschaft, Vulkankegel und Felsen. Bei klarem Wetter ist auch der Teide gut zu erkennen.

Parken

Parkplatz direkt am Besucherzentrum, ab 10 Uhr jedoch meist recht voll.

Restaurants

€–€€ | Restaurante Cruz del Carmen Traditionelle Speisen von guter Qualität in rustikalem Ambiente. Ein reines Ausflugslokal, aber absolut keine Touristenfalle. Im vorderen Bereich kann man an der Theke auch nur etwas trinken. ■ TF 12, km 23, Tel. 922250062, Fr–Mi von morgens bis zum frühen Abend

Wandern

Am Cruz del Carmen beginnen drei Wanderwege. Sehr beliebt ist der Weg **PR-TF 11** (S. 94). Auf dem Weg **PR-TF 10** erreichen Wanderer nach 5,3 km das Dorf Chinamada, nach insgesamt 9,7 km Punta del Hidalgo. Wegen starker Steigungen ist diese Strecke recht anspruchsvoll. Der mittelschwere Weg **PR-TF 12** führt in etwa 4,5 Std. nach Bajamar. Infomaterial und Karten erhält man im Besucherzentrum, im gegenüberliegenden Laden sowie im Internet: www.tenerifeon.es.

Erlebnisse

Anaga Experience Die Tinerfeños Cao Sánchez Serrano und Aarón Barreto Martín sind mit ihrer Ausflugsagentur auf geführte Wanderungen spezialisiert (beide sprechen Deutsch). Sie bieten einerseits ganz normale Tagesausflüge ins Anaga-Gebirge an, andererseits sind mit ihnen auch ungewöhnliche Erlebnisse möglich, etwa Wanderungen an entlegene Strände und dort Abholung mit dem Boot, Wandern plus Stand Up Paddling und vieles mehr. Auch auf individuelle Wünsche gehen die beiden gern ein. Sie kennen ihre Insel gut und sind hervorragende Guides. ■ Tel. 690369089, www.anagaexperience.com, Tagestouren ab/bis Santa Cruz de Tenerife ab 45 € pro Person inkl. Mittagessen, Zuschläge für Abholung von anderen Orten

In der Umgebung

Mirador del Pico del Inglés
| Aussichtspunkt |

6 *Panoramablick über Schluchten, Felsen und eine Nachbarinsel*

Der wohl schönste Ausblick des gesamten Anaga-Gebietes, besonders spektakulär bei Sonnenuntergang. Der Mirador befindet sich auf 960 m Höhe, an klaren Tagen reicht die Sicht über das Gebirge, La Laguna, Santa Cruz und bis nach Güímar und Gran Canaria sowie zum Teide-Gipfel. An bewölkten Tagen sieht man die Wolken unterhalb des Teide-Gipfels ziehen – was auch sehr erlebenswert sein kann.
■ TF 114 (Stichstraße, beschildert ab TF 12)

7 Taborno

Dorf mit Ausblick und einem markanten Felsen: »Teneriffas Matterhorn«

Das Dörflein hat knapp 90 Einwohner, ein Restaurant und ein Kirchlein mit einem Drachenbaum davor. Die Menschen leben in weißen und bunt gestrichenen Häusern, teilweise nutzen sie bis heute Felshöhlen als Arbeits-

Auch Teneriffa hat sein »Matterhorn« – und zwar auf einem Bergrücken bei Taborno

und Lagerräume. Aus der Ferne wirken die Häuser wie in die Landschaft gewürfelt. Und diese Landschaft, sie ist grandios: ein Meer aus gezackten Felsformationen, grüne Berghänge, alte Terrassenfelder, dramatische Steilküsten, Schluchten. Über dem Dorf thront der Roque de Taborno, ein markanter kegelförmiger Fels, der oben schmal zuläuft, sodass er auch als »Teneriffas Matterhorn« bekannt ist.

Sehenswert

Mirador Fuente del Lomo

| Aussichtspunkt |

Rechts am Kirchplatz entlang führt ein gut befestigter Weg, über den man nach etwa 15 Min. diesen Mirador erreicht. Hier liegt einem eine eindrucksvolle Landschaft zu Füßen: Berge, Felsen, Steilküste, die weite Meereslinie und im Hintergrund die schwarzen Roques de Anaga: einzelne, vor der Küste liegende Felsen – sehr fotogen.

Restaurants

€ | **Merendero Casa Carlos** Auf einem riesigen Grill, befeuert mit Baumheideholz, bereiten Carlos und sein Team rund 6 km südlich von Taborno bergeweise Fleisch zu. Vorweg etwas Ziegenkäse und Salat, zum Fleisch »papas arrugadas con mojo«: ganz wunderbar nach einer Wanderung. Man sitzt draußen auf einfachen Plastikstühlen und hat weite Ausblicke aufs Gebirge.
■ Landstraße TF 12, von La Laguna kommend kurz hinter der Abzweigung nach Las Carboneras, Tel. 922 69 69 08, Mi–Mo vormittags bis zum frühen Abend

€€ | **Restaurante Historias para no dormir** In diesem winzigen Restaurant mitten im Nirgendwo zaubert ein französischer Koch feine, jedoch nicht überkandidelte Fleisch- und Fischgerichte. ■ Tel. 922 69 02 27, Do–So mittags geöffnet, nur mit Reservierung

Wandern

Ein Pfad führt rund um den Roque de Taborno und eröffnet immer wieder neue Ausblicke auf die Küstenlinie, Berge, Felsen und Wälder. Der Weg ist einfach und hat wenig Steigungen, aber man sollte weitgehend schwindelfrei sein. Wenn man an der Dorfstraße in Taborno parkt, braucht man etwa eineinhalb bis zwei Stunden für die Tour. Den Roque selbst können nur sehr geübte Kletterer erklimmen.

8 Taganana

Authentisches Dorf mit drei Stränden zu Füßen des Anaga-Gebirges

Kleine und große, neue und alte, prächtige und ärmliche Häuser schmiegen sich zwischen Palmen, Agaven und Terrassenfeldern an die Hänge eines weit ausladenden Tals. Die Menschen leben von der Landwirtschaft, sie bauen Wein an und Gemüse, oder sie arbeiten an einem der Strände in der Nähe. Das größte Dorf des Anaga-Gebirges hat gut 500 Einwohner, wirkt sehr authentisch und hat sich den Charme früherer Zeiten bewahrt. Manchmal sieht man Touristen durch den Ort spazieren, aber das passiert wirklich selten. Die Kirche Nuestra Señora de las Nieves ist eine der ältesten der Insel (16. Jh.), vom Kirchenvorplatz bietet sich ein guter Ausblick auf die grüne Umgebung.

Parken

Im Dorf sind die Straßen sehr eng. Am besten stellt man seinen Wagen an der Landstraße unterhalb des Eingangs zur Ortschaft ab. Dort ist stets reichlich Platz zum Parken.

Taganana im einsamen Norden der Insel vermittelt viel Idylle und Ursprünglichkeit

Restaurants

€ | Casa África Seit mehr als 50 Jahren serviert man den Gästen hier bodenständige Fischgerichte in sehr schlicht ausgestatteten Räumlichkeiten. Mit großer Terrasse. ■ Roque Las Bodegas 3, Playa de Taganana, Tel. 922590100, www.restaurantecasaafrica.com, tgl. außer Mi von morgens bis ca. 18 Uhr

€ | Casa Paca Das kleine Restaurant im nordöstlich gelegenen Benijo verfügt über eine hübsche Terrasse an der Straße. Paca und ihr Team kochen und braten wie zu Hause und empfangen auch ihre Gäste wie gute Freunde. Die Fischgerichte schmecken köstlich. Sehr preiswert. ■ Benijo, tgl. zum Mittag- und Abendessen geöffnet, außer Paca hat dringend etwas anderes zu erledigen

In der Umgebung

Playa del Roque de las Bodegas

| Strand |

Dunkler, steiniger Strand, eine starke Strömung und häufig Wellengang. Trotzdem kommen Familien aus Santa Cruz oder La Laguna gern hierher, baden vorsichtig am Meeressaum, erholen sich am Strand und genießen Fischgerichte in einem der Lokale. Am großen, malerisch gelegenen Felsen Roque de las Bodegas gehen Angler gern ihrer Passion nach. Wer nur schauen und nicht unbedingt baden oder sonnenbaden möchte, kommt am besten zum Sonnenuntergang hierher, dann ist es eher ruhig, und das Licht wirkt zauberhaft.

Playa de Almáciga

| Strand |

Eine große Bucht, 300 m lang, mit schwarzem Sand und oft hohem Wellengang, sehr beliebt bei Surfern (Wellenreitern). Im Hintergrund erheben sich steil die dunklen, hohen Felsen des Anaga-Gebirges. Der Strand hat keine Aufsicht und keine Gastronomie.

Ungezähmte Natur in ihrer reinsten Form an der Playa de Benijo

Playa de Benijo

| Strand |

Den rund 300 m langen Strand unterhalb einer winzigen Siedlung erreicht man nur über eine hohe Treppe. Er ist nicht sehr breit, und es gibt keinerlei Infrastruktur – hier ist alles Natur: schwarzer Sand, Steilküste, einzelne große Felsen im Meer, oft starke Wellen. Für manche Urlauber das Paradies auf Erden, andere vermissen hier Duschen, Toiletten, Bars, Sonnenliegen oder eine Aufsicht.

Rotbraune Felsen und ein feiner Saharasand kennzeichnen die Playa de las Teresitas

Mirador del Bailadero

| Aussichtspunkt |

Zerklüftete Felsen, Terrassenfelder mit Weinreben, die Steilküste und die verstreuten Häuser von Taganana: ein weites, schönes Bild. Der Aussichtspunkt liegt an der Straße TF 123, auf dem Weg von/nach Taganana ist es ein kleiner Abstecher, der auf alle Fälle lohnt (Ausschilderung Richtung Albergue Montes de Anaga folgen).

9 San Andrés

Verträumtes Städtchen mit der sagenhaften Playa de las Teresitas

Hätte der kleine Ort keinen großartigen Strand, kämen wahrscheinlich gar keine Touristen her, doch auf dem Weg zur Playa de las Teresitas halten einige kurz an. Das ist durchaus sinnvoll, denn auf einem etwa 20-minütigen Spaziergang lässt sich gut die Alltagsstimmung in einem ganz normalen spanischen Dorf einfangen – mit bunt gestrichenen Häuschen, die aussehen, als würden sie die steilen Hänge hinaufkriechen. Enge Straßen, der Kirchplatz mit Bar, Apotheke und Lorbeerbäumen, unter denen Senioren auf Bänken sitzen und plaudern ... Völlig unspektakulär und doch so liebenswert. Dem Strand ist zudem die große Auswahl an guten Fischrestaurants zu verdanken. Hotels gibt es jedoch nicht, nur einige Ferienapartments in Privathäusern. Manche Tinerfeños besitzen Ferienwohnungen am Strand, da San Andrés aber gerade mal eine Viertelstunde mit dem Auto von Santa Cruz entfernt liegt (und es sehr regelmäßige Busverbindungen gibt), bleiben die meisten Gäste nur tagsüber.

Sehenswert

Playa de las Teresitas

| Strand |

7 *Heller Sand, Palmen, ganz viel Platz und ruhiges Wasser*

Unumstritten einer der schönsten, vielleicht sogar der allerschönste Strand der Insel. Er ist zwar künstlich angelegt, aber das sind auf Teneriffa die meisten Strände. 1300 m lang und 80 m breit, mit hellem, feinem, sauberem Wüstensand, künstlichen Wellenbrechern, vielen Palmen und allem, was an Annehmlichkeiten vorstellbar ist: Badeaufsicht, WCs und Duschen, Sonnenliegen, ausreichend Parkplätze usw. Ausländische Touristen kommen kaum hierher, dafür umso mehr Ausflügler aus Santa Cruz.

Restaurants

€ | **Restaurante Pepín** Winziges Restaurant, familiär geführt mit sehr freundlichem Service, von allen Speisen gibt es auch halbe Portionen. Auf der Karte steht gute kanarische Hausmannskost, insbesondere Fisch. Äußerst preiswert. ■ Carretera San Andrés–Taganana 4, Tel. 634 33 03 82, tgl. mittags und abends außer (meistens) Mi

€€ | **Los Pinchitos** Frischer Fisch in allen erdenklichen und manchmal auch überraschenden Variationen, serviert in einem rustikalen Ambiente. ■ Calle Guillén 14, Tel. 641 96 80 12, tgl. ab mittags bis 22.30, So nur bis 20 Uhr

In der Umgebung

Playa de las Gaviotas

| Strand |

Ein Stückchen nördlich der künstlichen Playa de las Teresitas liegt idyllisch diese natürliche Strandbucht mit feinem dunklen Sand. Toiletten oder andere Serviceeinrichtungen sind hier nicht vorhanden, aber immerhin Parkplätze. Es gibt einen FKK-Bereich.

Igueste de San Andrés

| Dorf |

Das Ausnahmedörflein liegt geschützt in einer Schlucht, dadurch gedeiht hier beinahe jede Art von Früchten. Auf einem Spaziergang entlang der Obstgärten sind prächtige Exemplare von Mangos, Papayas, Guaven, Orangen, Bananen und, und, und zu bestaunen. An einem kleinen Strand kann man in den Sommermonaten baden, in anderen Jahreszeiten wird dieser meist vom Meer überspült, dann trainieren Surfer hier das Wellenreiten.

10 Candelaria

Die wichtigste katholische Wallfahrtsstätte der Kanarischen Inseln

Information

■ Avenida de la Constitución 7, Tel. 922 03 22 30, www.candelaria.es, Mo–Sa 9–14 Uhr

Von Bedeutung ist das Städtchen vor allem wegen der Virgen de Candelaria, der Heiligen Jungfrau von Candelaria und Schutzheiligen der Kanaren, wegen des Marienkultes und seiner bewegten Geschichte, wegen der Kirche und der Feste. Viele Touristen nehmen deshalb keine Notiz von den Stränden, den Fischer- und Sportboothäfen oder der schönen langen Uferpromenade mit Palmen, Bänken, Cafés und Restaurants entlang der Avenida Marítima. Einen halben Ausflugstag ist Candelaria auf jeden Fall wert.

Sehenswert

Basílica de Nuestra Señora de Candelaria

| Kirche |

Viele Legenden ranken sich um die hl. Maria von Candelaria, historisch belegt ist, dass Ureinwohner im 14. oder 15. Jh., lange vor Ankunft der Spanier auf den Inseln, am Strand eine schwarze Marienstatue fanden (diese stammte vermutlich aus einer Schiffskapelle). Die Jungfrauenfigur trug im einen Arm das Kind, in der anderen Hand eine Kerze (»candela«). Die Guanchen stellten das Bildnis in einer Höhle auf, verehrten die Madonna und schrieben ihr Wunder zu, ohne je etwas über die christliche Religion erfahren zu haben. Nach der Eroberung und Christianisierung wurde die Jungfrau zur Schutzheiligen der Kanarischen Inseln erklärt. Heute befindet sich ihr Bildnis in der 1959 geweihten Basilika. Allerdings handelt es sich dabei um eine Kopie, die Originalstatue verschwand 1826 bei einer Sturmflut. Die ursprüngliche Kirche an dieser Stelle fiel 1789 einem verheerenden Feuer zum Opfer, 170 Jahre mussten die Gläubigen also warten, bis sie ihre Madonna in einem neuen, würdigen Tempel verehren konnten. Das große, dreischiffige Gebäude vereint architektonische Elemente von der Gotik bis zur Gegenwart, im Inneren fallen zeitgenössische Malereien und Artesonado-Decken ins Auge.

■ Plaza Patrona de Canarias, Mo 15–19.30, Di–So 7.30–19.30 Uhr

Plaza de la Patrona de Canarias

| Platz |

Auf der Uferseite des weiten Kirchenplatzes stehen neun große Statuen, sie repräsentieren die neun Menceyes, die zur Zeit der spanischen Eroberungen die Insel regierten. Vor der spanischen Conquista war Teneriffa in neun Gebiete unterteilt, denen jeweils ein Mencey – also eine Art Häuptling oder »König« – vorstand. Bis heute identifizieren sich viele Tinerfeños mindes-

Entspannung im Straßencafé vor der Basílica de Nuestra Señora de Candelaria

tens genauso mit den Ureinwohnern, den Guanchen, wie mit dem spanischen Volk. Ortsnamen, aber auch Vornamen sind bis heute oftmals der Sprache der Guanchen entlehnt.

Parken

Aparcamiento del charquito ■ Avenida de la Constitución 3, eine Stunde gratis, 0,80 €/2 Std., 2 €/3 Std.

Restaurants

€€ | Taberna Girón Gehobene, kreative spanisch-internationale Küche genießt man im Lokal mit seiner großen und windgeschützten Terrasse. Das Plus: Es gibt spezielle Menüs für Menschen mit Glutenunverträglichkeit. ■ Avenida Marítima 33, Tel. 922503312, www.tabernagiron.com, Di, Mi, So nur mittags, Do–Sa mittags und abends

Cafés

Heladería El Sueño Handgemachte Eiscreme, auch fantasievolle Sorten wie etwa Gofio-Eis. Unbedingt probieren. ■ Avenida Marítima (neben Taberna Girón), www.instagram.com/heladeriaelsueno, tgl. mittags bis abends

Einkaufen

Mercadillo del Agricultor Landwirte, Bäcker und Lebensmittelmanufakturen aus dem Tal von Güímar verkaufen ihre Produkte. ■ Markthalle, Avenida de la Constitución, Mi, Sa 8–14 Uhr

Events

8 **Fiesta de la Virgen de la Candelaria** Das wichtige religiöse

Der bedeutendste Wallfahrtsstätte Teneriffas: die Basilika von Candelaria

Fest der Schutzpatronin ihrer Inseln begehen die Kanarier alljährlich am 14. und 15. August mit Prozessionen, Pilgerwanderungen und feierlichen Messen. Zugleich handelt es sich aber auch um ein großes, fröhliches Volksfest, auf der Plaza de la Patrona de Canarias finden Folkloreaufführungen und Popkonzerte statt, außerdem gibt es ein Feuerwerk.

11 Güímar

Lebendiges Städtchen mit geheimnisvollen Pyramiden zwischen Kakteen

Information

■ Avenida del Obispo Pérez Cáceres 18, Tel. 922511590, Mo–Fr 9.30–13.30 Uhr

In dem freundlichen Städtchen sind viele Häuser ganz besonders farbenfroh gestrichen, ein fröhliches Eckchen befindet sich etwa bei der Touristeninformation: kleine, vielfarbig dekorierte Häuschen mit Geschäften, gegenüber liegt die Plaza de las Flores mit Palmen und Lorbeerbäumen, großem Brunnen und Spielplatz. Die wichtigste Kirche ist die Iglesia de San Pedro (17. Jh.), zu der ein ansteigender, breiter und grün bepflanzter Boulevard hinaufführt. Das Rathaus befindet sich in einem ehemaligen Dominikanerkloster aus dem 17. Jh. und besitzt einen schönen Vorplatz mit Brunnen.

In Güímar leben viele Chinesen, sie betreiben Geschäfte mit billigen Haushaltswaren, Kleidung und Krimskrams sowie China-Restaurants.

Sehenswert

Pirámides de Güímar

| Ausgrabungsstätte |

4 *Die archäologische Stätte gibt Forschern viele Rätsel auf*

Plötzlich hat man das Gefühl, nicht auf Teneriffa, sondern in Mexiko zu sein: In karger Landschaft erheben sich Stufenpyramiden, dazwischen wachsen Kakteen, im Hintergrund die hohen Berge, die bunten Häuser von Güímar. Doch sind die Pyramiden nicht sehr groß, und sie bestehen aus dunklem Lavagestein, das unterscheidet sie von den mittelamerikanischen Pyramiden.

Der berühmte norwegische Forscher und Anthropologe Thor Heyerdahl (1914–2002) verbrachte seine letzten acht Lebensjahre auf Teneriffa und widmete sich dort der Erforschung der Pyramiden, denen vor ihm niemand großes Interesse geschenkt hatte. Da sie allein aus Natursteinen bestehen, konnte das Alter der Pyramiden zunächst nicht nachgewiesen werden, Heyerdahl zufolge stammten sie möglicherweise aus vorspanischer Zeit. Allerdings stellten Archäologen der Universität La Laguna fest, dass die Pyramiden nicht älter als 200 Jahre sind. Ein Museum widmet sich der Inselgeschichte und den Pyramiden in aller Welt, botanische Gärten ergänzen den Ausstellungskomplex. Zu sehen ist auch ein Nachbau des Schilfbootes »Ra II«, mit dem Heyerdahl 1970 zu Forschungszwecken von Marokko nach Barbados segelte – vorbei an den Kanarischen Inseln.

Für die Besichtigung der gesamten Anlage sollte man gut drei Stunden einplanen. Wer nur die Pyramiden und das Museum in Augenschein nehmen will, kommt mit zwei Stunden aus.

Alljährlich am 21. Juni erlebt man hier einen »doppelten Sonnenuntergang«: Die Pyramiden sind so ausgerichtet,

dass man von ihrer Hauptachse aus sieht, wie die untergehende Sonne hinter einem Berg verschwindet und dann wieder auftaucht.
■ Calle Chacona, Tel. 922514510, www.piramidesdeguimar.es, tgl. 9.30–18 Uhr, Besichtigung Museum und Pyramiden: 12,50 €, Kinder 5,50 €, Besichtigung der gesamten Anlage 18 €, Kinder 6,50 €

Restaurants

€€ | **Hotel Rural Finca Salamanca** Eines der besten Restaurants der ganzen Insel: Serviert werden traditionelle spanische und kanarische Gerichte, gepaart mit neuen und internationalen Ideen, dabei aber immer noch bodenständig – und preiswert. Mehrfach ausgezeichnetes Lokal mit schönen Räumen in einer historischen Finca. ■ Im gleichnamigen Hotel, Carretera Güímar–El Puertito 2, Tel. 922514530, www.hotelfincasalamanca.com, tgl. mittags und abends

Cafés

Tasca la Plaza Hier genießt man köstliche Kleinigkeiten zum Essen, einen guten Kaffee in vielen Variationen, verschiedene Whiskys, Rum- und Ginsorten, Craft-Biere in einer angenehm hellen, freundlichen Café-Bar. ■ Plaza San Pedro 22, Tel. 922926192, Mi–Mo von morgens bis spätabends

In der Umgebung

Puertito de Güímar

| Strand |

Zu diesem Vorort von Güímar gehören ein Jachthafen, ein Strand, viele Fischrestaurants, eine Promenade und ein Platz mit Terrassencafés am Meer (bei der Mole am nördlichen Ortsrand), wo sich abends und an Wochenenden die Dorfbewohner und Gäste treffen. Der Strand selbst besteht aus flachen Steinen und schwarzem Sand.

Der ursprüngliche Zweck der Terrassenbauten von Güímar ist bis heute nicht geklärt

Übernachten

Da die meisten Touristen entweder gar nicht oder nur für einen Tag in die Hauptstadt fahren, gibt es dort v. a. Businesshotels. Allerdings reisen auch nicht allzu viele Geschäftsleute nach Santa Cruz. So ist die Konkurrenz groß, die Preise sind günstig. Eine gute Übernachtungsalternative ist das benachbarte La Laguna. Oder man wählt eines der idyllischen Landhotels.

Santa Cruz de Tenerife 66

9 **€ | Occidental Santa Cruz Contemporáneo** Das Haus richtet sich v. a. an Geschäftsreisende, ist aber auch für Urlauber gut: komfortable Zimmer, perfekte Lage, kostenlose Garage (Plätze limitiert, keine Reservierung). Oft sehr günstige Sonderangebote. Café-Bar mit schöner Terrasse. ■ Rambla de Santa Cruz 116, Tel. 922 27 15 71, www.barcelo.com

€–€€ | Hotel Taburiente Traditionsreiches Vier-Sterne-Hotel in bester Lage, 173 Zimmer, elegantes Design. Das Haus hat Veranstaltungsräume, bei Partys kann es lauter werden – nach ruhigen Zimmern fragen! Garagenplatz 8 €/Tag. ■ Calle Dr. José Naveiras, 24A, Tel. 922 27 60 00, www.hoteltaburiente.com

€–€€ | NH Tenerife Gutes Business- und Urlaubshotel mit der typischen Ausstattung internationaler Hotelketten: Es ist alles da, was man braucht, keine Besonderheiten. Sehr zentral gelegen. Parken 16,50 €/Tag. ■ Calle Candelaria/Dr. Allart, Tel. 922 53 44 22, www.nh-hotels.de

€–€€ | Silken Atlántida Santa Cruz Modernes Businesshotel in einem Hochhaus am südlichen Innenstadtrand. Vier Sterne. Funktionale Zimmer, Fitness- und Spa-Bereich mit weitem Ausblick, Garage (12 €/Tag). ■ Avenida Tres de Mayo 3, Tel. 922 29 45 00, www.hoteles-silken.com

€€–€€€ | Iberostar Heritage Grand Mencey Sehr exklusives Haus, fünf Sterne, edel gestaltet, mit großem Garten, Swimmingpool, Spa und Fitnessbereich. Hier wohnen auch Hollywoodstars wie Matt Damon, wenn sie Filme auf Teneriffa drehen. Oder wenn sie auf der Insel Urlaub machen, wie einst Liz Taylor und Richard Burton. Garagenplatz 12 €/Tag. ■ Calle Dr. José Naveiras 38, Tel. 922 60 99 00, www.iberostar.com

La Laguna 80

€ | Hotel Aguere Einfache Unterkunft (ein Stern) in einem Palast aus dem 18. Jh. mit Café im schönen, überdachten Innenhof. Zentrale Lage. ■ Calle Obispo Rey Redondo 55, Tel. 922 25 19 67, www.hotelaguere.es

€–€€ | Hotel Laguna Nivaria In einem Adelspalast aus dem 17. Jh., atmet dieses elegante Vier-Sterne-Haus Geschichte. Dicke Mauern, Holzfußböden, historische und Stilmöbel; Spa, Fitness, ein Bio-Gourmetrestaurant und ein gemütliches Café. Alle Zimmer mit Miniküche und Sprudelbadewanne. ■ Plaza del Adelantado 11, Tel. 922 26 42 98, www.lagunanivaria.com/de

€–€€ | La Laguna Gran Hotel Eröffnet 2017 von der Familie, die auch das Taburiente in Santa Cruz betreibt. Das zentral gelegene Vier-Sterne-Hotel befindet sich in einem Bau von 1767, der einst als Adelspalast, dann als Schule bzw. Tabakfabrik diente. 123 Zimmer, liebevoll und individuell gestaltet. Das Restaurant NUB hat einen Michelin-Stern. ■ Calle Nava y Grimón 18, Tel. 922 10 80 80, www.lalagunagranhotel.com

€€–€€€ | MC San Agustin Von außen kaum als Hotel zu erkennen; auch im Inneren folgt das aktuelle Design der historischen Architektur – das Haus, in dem das Hotel untergebracht ist, stammt aus dem 18. Jh. Es gibt nur vier Suiten, je 72 m² groß und mit Küche, Esszimmer, zwei Schlafzimmern. Fünf-Sterne-Haus. ■ Calle San Agustín 12, Tel. 922 82 51 94, www.hotels-mc.com

Valle de Guerra 92

€–€€ | Hotel Rural Costa Salada In absoluter Einsamkeit am Steilufer gelegen, umgeben von Plantagen. Zwölf Zimmer und Suiten verteilen sich auf die Gebäude, die einst als Wohn- und Verwaltungshäuser der Gutsherren dienten. Alle Zimmer verfügen über Terrasse/Balkon, fast alle über Meerblick. Plus: Swimmingpool und Restaurant. Ein Idyll für Ruhesuchende, frisch Verliebte oder Schriftsteller. Schönstes Zimmer: Nr. 102. ■ Camino La Costa, Finca Oasis, Tel. 922 69 00 00, www.costasalada.com/de

Punta del Hidalgo 93

€€€ | Océano Wellness-, Spa- und Kurhotel (vier Sterne) unter deutscher Leitung in einem zehnstöckigen Haus direkt an der Promenade. Alle 90 Zimmer mit Meerblick. Innen- und Außenpool, Saunen, Garten. Dem Hotel angeschlossen ist ein medizinisches F.X.-Mayr-Zentrum. Aber auch, wer einfach Ruhe und das große Spa genießen will, ist hier richtig. Das Hotel wurde 2019 umfassend renoviert und erweitert. ■ Calle Océano Pacífico 1, Tel. 922 15 60 00, www.oceano.de

ADAC Das besondere Hotel

Die **Finca Salamanca** heißt nicht nur so. Bis heute wird sie bewirtschaftet, auf 50 000 qm² gedeihen Mangos und Avocados. Mittendrin, in alten Gemäuern, sind die einfach, aber geschmackvoll eingerichteten Zimmer untergebracht. Beheizter Swimmingpool, verschiedene Gärten. Das Restaurant ist eines der besten weit und breit.

€–€€ | Finca Salamanca, Carretera Güímar–El Puertito 2, Güímar, Tel. 922 51 45 30, www.hotelfinca salamanca.com

Puerto de la Cruz und der Norden

Die Küste der Kontraste: Großstadttrubel und idyllische Dörfer, weite Plantagen und dramatische Klippenformationen

Puerto de la Cruz war der erste bedeutende Urlaubsort auf Teneriffa, heute herrscht hier eine charmante Mischung aus Tourismus und normalem spanischen Alltag. Viele Gäste unternehmen Ausflüge in die malerische Stadt La Orotava und zum »Drago Milenario« (»Tausendjähriger Drachenbaum«) von Icod de los Vinos. Ansonsten sind an der Nordküste nur recht wenige Touristen anzutreffen. An den Stränden unterhalb der dramatischen Steilküsten vergnügen sich überwiegend Tinerfeños, sie kommen nach Feierabend oder an den Wochenenden her; oder sie machen Urlaub in einer Ferienwohnung. An vielen Stränden gibt es Apartmentsiedlungen.

Wer in den Norden reist, hat es nicht auf pralle Sonne abgesehen. Selbst im Hochsommer ist der Himmel oft bewölkt, die Temperaturen steigen nicht sehr weit über 20 Grad. Auch Regen kommt ganzjährig vor.

In diesem Kapitel:

ADAC Top Tipps:

5 Loro Parque, Puerto de la Cruz
| Tierpark |

Der Zoo vereint eine Eiswelt mit Pinguinen, ein Aquarium, ein Delfinarium, Gehege mit Jaguaren, Löwen, Affen – alles in schönen Parkanlagen. 114

6 La Orotava
| Stadt |

Ruhige Stadt mit wertvoller Architektur, gepflegten Parks und Plätzen, viel Kunsthandwerk – und mit authentischer Atmosphäre. 116

7 Cueva del Viento
| Höhle |

Einer der längsten Lavatunnels der Welt. Mit einer geführten Gruppe taucht man ein in das geheimnisvolle Dunkel, in pure Stille – hinein ins Innere der Erde. 126

8 Garachico

| Dorf |

Das Dorf, malerisch gelegen auf einer Lava-Landzunge, verfügt über bunt gestrichene Häuser, eine herrliche Badelandschaft und sehr viel ursprünglichen Charme. 126

ADAC Empfehlungen:

10 Costa Martiánez, Puerto de la Cruz

| Schwimmbad |

Kunstvoll gestaltete Badelandschaft mit einem großen See, einer Vielzahl von Pools, Skulpturen, Fontänen und herrlichem Teide-Blick. 112

11 Jardín Botánico, Puerto de la Cruz

| Botanischer Garten |

Idyllischer Park. Die Pflanzen erzählen Geschichten aus aller Welt. 113

12 Jardines del Marquesado de la Quinta Roja, La Orotava

| Park |

Romantische Gartenanlage im französischen Stil, auf mehreren Ebenen, mit weiten Ausblicken. 117

13 Mirador de la Corona

| Aussichtspunkt |

Weite Aussichten auf das Orotava-Tal, Puerto de la Cruz und die Küste. 123

12 Puerto de la Cruz

Bunter Mix aus Stadtalltag und Urlaubsstimmung

Schwarzer Vulkansand bedeckt die Playa Jardín, den Stadtstrand von Puerto de la Cruz

Information

- Casa de la Aduana, Calle las Lonjas, Tel. 922 38 60 00, www.visitpuertodelacruz.es, Mo–Fr 9–20, Sa, So 9–17 Uhr
- Parken siehe S. 115

Fährt man mit dem Auto hinein ins Zentrum, kann es schon sein, dass es eine Weile dauert, bis sich einem der Charme dieser Stadt erschließt. Puerto de la Cruz wirkt auf den ersten Blick unstrukturiert, laut und wirr – es ist eine bunte Mischung aus teils nicht wirklich schönen Hotelhochhäusern, alten Palästen mit prächtigen Holzbalkonen, kleinen Plätzen, lauten Straßen, vielen Pizza- und Hamburger-Lokalen, Jugendstilhäusern und ganz normalen Wohnbauten. Hier ist nichts auf Tourismus-Hochglanz poliert – und viele Gäste schätzen genau dies: Das Miteinander von spanischem Alltag und internationalem Badetourismus. Die Stadt hat rund 30 000 Einwohner und etwa genauso viele Gästebetten – Beach and Business.

Seit dem vorletzten Jahrhundert sind es insbesondere Engländer, die Puerto de la Cruz besuchen oder sich hier ganz niederlassen. Zunächst sorgte der Weinbau in diesem Teil der Insel dafür, dass britische Händler kamen. Lange Zeit war England der Hauptexportmarkt für tinerfenischen Wein. Vor gut 100 Jahren dann entdeckten britische

Plan S. 112

Urlauber das Orotava-Tal und seine Hauptstadt, sie schätzten das milde Klima der Region und den üppig-grünen Anblick der Plantagen. In den vergangenen Jahrzehnten hat Puerto de la Cruz sich insbesondere als Reiseziel für Senioren etabliert, aber auch Familien können hier eine Menge erleben.

Das historische Zentrum erstreckt sich rund um die Plaza del Charco und den alten Fischereihafen (Muelle Pesquero), hier befinden sich Gebäude aus dem 17. Jh. wie die Casa de la Real Aduana (Königliches Zollhaus, Sitz der Touristeninformation) in direkter Nachbarschaft zu Neubaukomplexen wie der Plaza de Europa von 1992 im Stile einer alten Festung.

Westlich schließt sich das einstige Fischerviertel La Ranilla an: kleine, bunte Häuschen an schmalen Fußgängerstraßen mit vielen Restaurants; am schönsten sind die Calle el Lomo und die Calle Mequínez.

Einen ganz anderen Eindruck erhalten Gäste, die sich zu Fuß von Norden dem Zentrum nähern und dabei zuerst durch einen der vielen schönen Parks schlendern. Auch wer seinen Aufenthalt mit dem Besuch der Playa Jardín oder der Costa Martiánez beginnt, nimmt Puerto de la Cruz von Anfang an als angenehmen Urlaubsort wahr.

Sehenswert

1 Plaza del Charco

| Platz |

Am zentralen Platz des historischen Zentrums und der ganzen Stadt geht es oft so trubelig zu, dass man vergessen könnte, sich in Ruhe umzuschauen. Wer dies nicht vergisst, erblickt edle Indische Lorbeerbäume, majestätische Palmen, ein Wasserbecken mit kleinen Fontänen und einer großen Yamspflanze, Kioske und einen Kinderspielbereich. Und nach dem Rundblick über den Platz ist es Zeit, sich in eines der vielen Straßencafés zu setzen und die Einheimischen und Touristen zu beobachten.

2 Ermita de San Juan Bautista und Iglesia de San Francisco

| Kirche |

Die Kapelle San Juan Bautista wurde 1599 errichtet und gilt als ältestes Gebäude der Stadt. Im 18. Jh. wurde die

Kirche San Francisco direkt angebaut, ein bogenförmiger Durchgang verbindet beide Gotteshäuser. Internationale christliche Gemeinden (auch evangelische) nutzen sie für ihre Gottesdienste und Messen.

■ Calle San Juan 3, Mo–Fr 10–21.30 Uhr

3 Iglesia de Nuestra Señora de la Peña de Francia

| Kirche |

Die relativ kleine und schlichte Hauptkirche der Stadt entstand Ende des 17. Jh., der Turm aus grauen Lavasteinen kam erst Ende des 19. Jh. hinzu. Wichtigste Kunstwerke im Innenraum sind das Bildnis des Señor del Gran Poder de Dios an der Kopfseite des linken Seitenschiffes (17./18. Jh.) sowie die Gemälde des dazugehörigen Altaraufsatzes von Luis de la Cruz y Ríos. Der in Puerto de la Cruz geborene Maler (1776–1853) war kurzzeitig auch Bürgermeister der Stadt und später spanischer Hofmaler. Idyllisch ist der Kirchenvorplatz mit Drachenbäumen, Palmen, Blumenbeeten und einem Brunnen.

■ Plaza de la Iglesia de Nuestra Señora de la Peña de Francia, tgl. 9–13, 17–19 Uhr

4 Costa Martiánez

| Schwimmbad |

10 *Schwimmen im kunstvollen Bad mit Blick auf den Teide*

Der aus Lanzarote stammende Architekt und Künstler César Manrique schuf diese Badelandschaft, ein Ensemble aus einem großen See und mehreren Pools, Lavafelsen, Kakteengarten, Palmen, Fontänen, Skulpturen, Windspielen und weiten Flächen mit Sonnenliegen. Hier kann man mit Blick auf den Teide Sport treiben oder sich entspannen. Wer von außen drauf-

ADAC Mobil

Puerto de la Cruz ist für Autofahrer noch unübersichtlicher und unangenehmer als die Hauptstadt Santa Cruz, Parkplätze sind äußerst rar. Am besten lässt man den Wagen am Hotel stehen (alle auf S. 130 empfohlenen Häuser in Puerto de la Cruz verfügen über Gästeparkplätze) oder man stellt das Auto in einem Parkhaus ab. Der Busbahnhof befindet sich in der Avenida de los Hermanos Fernandez Perdignon. Die meisten Sehenswürdigkeiten liegen nah beieinander und sind gut zu Fuß zu erreichen. Für weitere Wege empfiehlt sich ein Taxi.

schaut, kann sich immerhin an der stilvollen, so gut zur Landschaft passenden Gestaltung erfreuen.

■ Avenida de Colón, Tel. 922 38 59 55, www.lagomartianez.es, tgl. 10–19, im Winter bis 18 Uhr, 5,50 €, Kinder 2,50 €

5 Jardines Taoro

| Park |

Ein kleiner Park zieht sich den steilen Hang hinauf, der am nördlichen Ende der Carretera de Taoro beginnt. Schon der Anblick der saftig-grünen Pflanzen tut wohl als Abwechslung zu den Straßen von Puerto de la Cruz, perfekt wird das Idyll durch künstliche Wasserfälle, die sich die knapp 100 m hohe Steigung hinunterstürzen. Der Park wurde im 19. Jh. angelegt und ist seither ein beliebter Treffpunkt für Einheimische und Besucher. Der anstrengende Aufstieg lohnt sich, oben angekommen gibt es ein Café (Terraza Taoro, S. 115) mit wunderbarem Weitblick. Das altehrwürdige Gran Hotel Taoro aus dem 19. Jh., einst das erste Luxushotel auf Teneriffa, soll voraussichtlich 2024 als 5-Sterne-Hotel wieder eröffnet werden.

■ Wasserfälle tgl. 10–20 Uhr

6 Jardín de Orquideas de Sitio Litre

| Park |

Die im Jahr 1730 erbaute Villa und das dazugehörige Grundstück waren im Besitz verschiedener Familien, sie alle pflegten aber die große Orchideensammlung und die Gartenanlagen im englischen Stil. Auch empfingen alle gern Besuch, darunter Agatha Christie oder William Wilde, der Vater von Oscar Wilde, sowie Alexander von Humboldt. Er machte bei seiner Südamerikareise 1799 auf Teneriffa Station, wo er den Teide innerhalb von zwei Tagen bestieg und dabei die unterschiedlichen Vegetationsstufen beschrieb. Das Modell, das er dabei entwickelte, hat heute noch Gültigkeit. Humboldt verbrachte den letzten Tag vor der Überfahrt in der Villa.

■ Camino Sitio Litre, Tel. 922 38 24 17, www.jardindeorquideas.com, tgl. 9.30–17 Uhr, 4,90 €, Kinder frei

7 Jardín Botánico

| Botanischer Garten |

11 *Pflanzenparadies mit Geschichte und Geschichten*

Ende des 18. Jh. wurde dieser Garten angelegt, um Pflanzen aus Übersee, die später nach Spanien eingeführt werden sollten, an das Klima Europas zu gewöhnen. Der offizielle Name lautet »Jardín de Aclimatación de la Orotava«. Dank der milden und stabilen Temperaturen um 20 °C und des vielen Regens in und um Puerto de la Cruz gelang die An-

Plan S. 112

passung gut. Hier gedeihen Pflanzen von allen Kontinenten, und manche sind schon ururalt, wie etwa eine riesige Großblättrige Feige mit eindrucksvollen Luftwurzeln oder ein Palmfarn, der sich im Alter von 100 Jahren erstmals vermehrte. Sowohl die Texttafeln als auch ein Audioguide (via Smartphone/WLAN) informieren gründlich und unterhaltsam über die Pflanzen.

■ Calle Retama 2, Tel. 922 38 35 72, tgl. 9–18 Uhr, 3 €, Kinder frei

8 Museo Arqueológico

| Archäologiemuseum |

Untergebracht in einem schönen alten Wohnhaus aus der Wende vom 18. zum 19. Jh., zeigt das Museum, dessen Ausstellungsräume sich um einen überdachten Patio anordnen, Schmuck, Keramik und andere Fundstücke aus der vorspanischen Zeit. Auch führt es in den Alltag der Guanchen ein, zu sehen sind etwa die Rekonstruktion einer Wohnhöhle und eines Grabmals, Handwerkstechniken, beispielsweise die Herstellung von Tongefäßen zur Zeit der Guanchen, werden anschaulich erklärt. Zudem widmet sich die Ausstellung den Themen Glaube und Magie.

■ Calle el Lomo, 9A, Tel. 922 37 14 65, Di–Sa 10–13, 17–21, So 10–13 Uhr, 1 €

9 Playa Jardín

| Badelandschaft |

Die künstliche Strand- und Parklandschaft entwarf – wie auch den Lago Martiánez – der Künstler und Umweltschützer César Manrique. An dem langen, breiten schwarzen Sandstrand führen Promenaden auf mehreren Ebenen entlang, Palmen sorgen für Schmuck und Schatten, Cafés für Stärkung und Erfrischung, ein Wasserfall für romantisches Rauschen.

10 Loro Parque

| Tierpark |

5 *Die Tiere der Welt und unzählige Papageien in einem schönen Park*

1972 startete der Deutsche Wolfgang Kiessling hier mit einer Papageienschau und -zucht (»loro« heißt Papagei), im Lauf der Jahrzehnte wuchs das Projekt zu einem riesigen Tierpark heran. Heute sollte man mindestens einen halben, besser einen ganzen Tag für den Besuch einplanen. Zu erleben sind ein hochmodernes Aquarium, eine beschneite Pinguinwelt mit Eisberg. Man sieht Gorillas, Jaguare, Löwen, Alligatoren, Flamingos und natürlich Papageien – sowie nicht zuletzt saftig grüne Gartenanlagen. Auf dem Spielplatz können Kinder auf Bäume klettern und Hängebrücken überqueren. Bekannt und beliebt, aber nicht unumstritten ist der Park für seine Delfin-, Seelöwen- und Orcawalschauen. Der Eingangsbereich ist im Stil eines Thai-Dorfes gestaltet, für den Bau ließ der Betreiber eigens Handwerker aus Thailand anreisen.

■ Avenida Loro Parque, Tel. 922 37 38 41, www.loroparque.com, tgl. 9.30–17.30 Uhr, 42 €, Kinder 30 € (es gibt günstige Abotickets, Kombitickets usw.), täglich Transfers vom/zum Zentrum von Puerto de la Cruz und vom/zum Inselsüden

Gefällt Ihnen das?

Dann sollten Sie auch den **Siam Park** im Inselsüden (S. 151) besuchen. Der Wasserpark wird von derselben Familie betrieben, ist von ebenso gewaltigem Ausmaß und ähnlich spektakulär wie der Loro Parque. Für beide Attraktionen gibt es Kombitickets, sie machen die Erlebnisse ein paar Euro günstiger.

Die Aufzuchtstation für Papageien im Loro Parque genießt Weltruf

Parken

Aparcamientos Plaza de Europa ■ 1,55 €/Std., 15 €/Tag, Plan S. 112 c2

Parking Centro Comercial Las Pirámides de Martiánez ■ Avenida de Aguilar y Quesada 1, www.ccmartianez.com, 1,49 €/Std., Plan S. 112 d3

Esplanada del Muelle Großer kostenfreier Parkplatz ■ Calle Mequinez 136T, Plan S. 112 b2

Restaurants

€€ | Régulo Serviert sehr gute kanarische und internationale Küche, die Gäste sitzen im idyllischen Innenhof oder in den Räumlichkeiten der historischen Villa. ■ Calle Pérez Zamora 16, Tel. 922384506, Mo–Do nur abends, Fr, Sa mittags und abends, Plan S. 112 b2

€€€ | Brunelli's Anspruchsvolles Steakhaus mit großer Auswahl an Fleischgerichten und Meerblick. Es liegt nahe des Loro Parque und gehört demselben Besitzer. ■ Calle Bencomo 42, Tel. 922062600, www.brunellis.com, tgl. mittags und abends, Plan S. 112 südwestl. a4

Cafés

Art & Co. Schönes Ambiente, freundlicher Service. Es gibt leckere Kuchen, gute Cocktails und Drinks. ■ Calle Mequinez 25, Tel. 605367865, tgl. außer Mi morgens bis abends, Plan S. 112 b2

Terraza Taoro Oberhalb der Wasserfälle der Jardines Taoro, toller Weitblick nach dem anstrengenden Treppensteigen. Es gibt auch Mittag- und Abendessen sowie Tapas. ■ Carretera del Taoro 9, Tel. 922388868, www.terrazataoro.es, tgl. morgens bis abends, Plan S. 112 c4

Einkaufen

Artenerife Kunsthandwerk, garantiert auf Teneriffa gefertigt: Stickarbeiten, Keramik und Schmuck. Weine und Delikatessen wie Mojo-Soßen. ■ Esplanada del Muelle, www.artenerife.com, Mo–Fr 10–17.30, Sa 10–13 Uhr, Plan S. 112 b2

13 La Orotava

Die Stadt der Balkone, der Gärten und des Kunsthandwerks

Die Altstadt von La Orotava wartet mit viel historischer Bausubstanz auf

Information

- Calle Carrera del Escultor Estévez 5, Tel. 922 32 30 41, www.laorotava.es, Mo–Fr 8–18, Sa, So 9–13 Uhr
- Parken siehe S. 120

6 *Idyllisches Städtchen mit viel wertvoller Architektur*

Während es sich in anderen Orten anbietet, auf einzelne Gebäude mit schön geschnitzten Holzbalkonen und Guillotine-Fenstern hinzuweisen, macht dies in La Orotava wenig Sinn, denn im historischen Zentrum sind nahezu alle Häuser alt, prachtvoll und einen Blick wert. Aufgrund der Lage in einer fruchtbaren Gegend war La Orotava jahrhundertelang besonders wohlhabend. Vor allem vom 16. bis zum 18. Jh., aber auch später entstanden herrschaftliche Familien- und Geschäftshäuser sowie Kirchen, von denen ein Großteil noch immer von den Bewohnern genutzt, gehegt und gepflegt wird. An den umgebenden Hängen stehen bescheidenere alte Wohngebäude, dicht gedrängt und zumeist ebenfalls picobello herausgeputzt.

Die Autofahrt vom zentralen Puerto de la Cruz nach La Orotava dauert nur rund zehn Minuten, die beiden Städte scheinen nahtlos ineinander überzuge-

Plan
S. 118

hen. Doch wenn man aus Richtung Norden kommend in La Orotava aus dem Auto steigt, hat man das Gefühl, weit entfernt zu sein vom quirligen Nachbarn Puerto de la Cruz. Die Stadt mit ihren immerhin 42000 Einwohnern wirkt ruhig, ursprünglich, vergleichsweise wenig touristisch – und, klar, auch etwas provinziell. Es gibt keine Restaurants oder Läden, aus denen laute Musik dröhnt, keine unansehnlichen Hotels. Stattdessen kümmert man sich in La Orotava um die schönen kleinen Parks, man pflegt und fördert das tinerfenische Kunsthandwerk und feiert eines der aufwendigsten religiösen Feste Spaniens.

Sehenswert

1 Plaza de la Constitución

| Platz |

Perfekter Startpunkt für den Stadtspaziergang: Der Hauptplatz La Orotavas mit Jugendstilpavillon (der Anleihen an die Mudéjar-Ästhetik aufweist), Terrassencafé, schattigen Bänken unter hohen Bäumen. Auch bei den Einheimischen beliebt als Treffpunkt und zum Ausruhen – zumal der Platz einen weiten Ausblick bis zur Küste bietet.

2 Jardines del Marquesado de la Quinta Roja (Jardines de la Victoria)

| Park |

12 *Romantische Atmosphäre, anrührende Geschichte*

Überall rauscht und plätschert es, der Ausblick ist weit, auf den Bänken knutschen junge Pärchen: Die kleine Parkanlage im französischen Stil ist einer der romantischsten Plätze der Insel. Auf hohen, steilen Terrassen angelegt, zieren ihn Brunnen, kunstvoll gestutzte Hecken, blühende Beete und rankender Efeu. Der Park entstand Ende des 19. Jh. im Auftrag der Marquesa (Markgräfin) de la Quinta Roja, die hier ein Mausoleum für ihren jung verstorbenen Sohn errichten ließ – der Leichnam des Freimaurers war nämlich auf dem städtischen Friedhof zunächst nicht erwünscht. Später gelang es der Markgräfin jedoch, eine Bestattungserlaubnis des zuständigen Bischofs zu erzielen. Das marmorne Bauwerk, das bis heute auf der obersten Terrasse steht, blieb also ungenutzt.

Der ursprüngliche Name des Gartens lautet Jardines de la Victoria. Als die Stadt den Garten im Jahr 1991 erwarb und der Öffentlichkeit zugänglich machte, änderte sie den Namen in Jardines del Marquesado de la Quinta Roja. Viele Bewohner verwenden jedoch noch den alten Namen.

■ Mo–Fr 9–20, Sa, So 9.30–20.30 Uhr, Eintritt frei

3 Jardines Hijuela del Botánico

| Botanischer Garten |

Das »Töchterchen« (Hijuela) des botanischen Gartens in Puerto de la Cruz ist mit 3400 m² gar nicht mal so klein wie der Name vermuten lässt. Da er weitaus weniger bekannt ist als die »Mutter«, kommen nur wenige Besucher. Ganz in Ruhe kann man einen großen alten Drachenbaum bestaunen und zwischen Lorbeerbäumen, Bananenstauden und Hortensien spazieren.

■ Tgl. 9–18, im Somer bis ca. 20 Uhr, Eintritt frei

4 Plaza del Ayuntamiento

| Platz |

Die Bauarbeiten an dem 1869 fertiggestellten Rathaus (an der Stelle eines verstaatlichten Klosterbaus) dauerten 26 Jahre statt geplanter zweieinhalb, politische Querelen und Finanzprobleme hatten zu der Verzögerung geführt. So prachtvoll, wie der Bauzeitraum vermuten lässt, ist das Gebäude zwar nicht geworden, sehenswert sind aber der fein gearbeitete Giebelschmuck mit dem Stadtwappen sowie der weite Vorplatz, den Blumenrabatten, Wasserspiele und Rundbänke mit Stuckornamenten zieren. Er ist auch Schauplatz der Sandmalereien zu Fronleichnam (Corpus Cristi, S. 121).

5 Iglesia Nuestra Señora de la Concepción

| Kirche |

Die Hauptkirche von La Orotava entstand im Jahr 1767, nachdem der Vorgänger-bau aus dem frühen 16. Jh. durch Vulkanausbrüche beschädigt worden war. Besonders eindrucksvoll sind die Steinmetzarbeiten der barocken Fassade und die zwei schmuckreichen, 24 m hohen Türme. Das Innere der dreischiffigen Kirche zieren Säulen mit korinthischen Kapitellen. Durch eine hohe Kuppel strahlt helles Licht auf den Hauptaltar mit einem pompösen Marmortabernakel. Das von der Kirche aus zugängliche, recht große und schön gestaltete Museo de Arte Sacro zeigt religiöse Kunst und Kunsthandwerk (Gemälde, Gewänder, Gefäße, Monstranzen usw.).

■ Plaza Casañas, Kirche Mo–So 9–20 Uhr, Museo de Arte Sacro Mo–Fr 10–13 Uhr, Eintritt frei

6 Casa Lercaro

| Palast |

Der Adelspalast aus dem 17. Jh. beherbergt ein stilvolles Geschäft für Wohndekoration sowie ein Café und Restaurant. Auch wer weder etwas kaufen noch essen noch trinken möchte, kann in Ruhe die edle Architektur betrachten und die Atmosphäre im ruhigen, grünen Innenhof genießen.

■ Calle Colegio 7, Tel. 922 33 06 29, www.casalercaro.com, Geschäft Mo–Fr 10–18, Sa 10–14 Uhr

7 Casa de los Balcones

| Historisches Wohnhaus |

In dem eindrucksvollen, palastartigen Gebäude aus dem 17. Jh. lebten einst Großgrundbesitzer. Heute kommen die meisten Besucher wegen des großen Ladens darin, der auf tinerfenisches Kunsthandwerk spezialisiert ist. Zu kaufen gibt es v. a. Stickarbeiten (Tischdecken, Servietten), die im Haus hergestellt werden. Wenn nicht gerade Busladungen mit Touristen das Gebäude fluten, ist der Besuch der Casa de los Balcones mit großem Innenhof samt Holzgalerie ein Genuss. Zudem beherbergt es im 1. Stock ein Wohnmuseum, das Einblicke in Architektur und Alltagskultur gibt. Das Haus von außen anzuschauen, lohnt allemal: riesengroßer Holzbalkon, schmiedeeiserne Balkone, Guillotine-Fenster, allerlei Stuck.

■ Calle San Francisco 3, www.casabalcones.com, tgl. 8.30–18.30 Uhr, Museum 6 €, Kinder bis 12 Jahre frei

Gefällt Ihnen das?

Dann sollten Sie auch **Garachico** (S. 126) besuchen, denn dort ist die Atmosphäre ganz ähnlich. Garachico ist zwar viel kleiner als La Orotava und liegt am Meer. Aber die Häuser und Plätze sind dort wie hier liebevoll gepflegt. Touristengruppen kommen meist nur kurz, ab 17 Uhr herrscht Beschaulichkeit, und die Einheimischen bleiben (fast) unter sich.

Ihre prächtigen Balkone gaben der Casa de los Balcones ihren Namen

8 Museo de Artesanía Iberoamericana

| Kunsthandwerksmuseum |

Kunstvoll gestaltete und hergestellte Gebrauchsgegenstände aus Lateinamerika und von den Kanarischen Inseln zeigt dieses Museum, das im

Der Ortskern von Realejo Bajo mit der Kirche Nuestra Señora de la Concepción

einstigen Kloster San Benito Abad aus dem 17. Jh. untergebracht ist: Keramik, Musikinstrumente, Spielzeug, Textilien, Kultgegenstände und mehr. Kunstvoll sind auch die Räume mit Kassettendecken und alten Holzböden.
■ Calle Tomás Zerolo, 34, www.artenerife.com, Mo–Fr 10–15, Sa 10–14 Uhr, Eintritt frei

9 Centro Visitantes »Telesforo Bravo«

| Informationszentrum |

Das Ausstellungshaus informiert eindrücklich über die Geografie und Biologie des Nationalparks sowie über die Menschen, die in und mit der Landschaft lebten oder sie besuchten (wie etwa der deutsche Reisende und Forscher Alexander von Humboldt).
■ Calle Dr. Sixto Perera González 25, Di–So 9–14, 15.30–18 Uhr, Entritt frei

Parken

Calle Domingo Domínguez Luis ■ Der große öffentliche und kostenlos Parkplatz geht am südwestl. Ende der Straße ab, Zufahrt auch über Calle Educadora Lucía Mesa, Plan S. 118 östl. b2

Aparcamientos Centro Orotava Parkhaus ■ Calle Inocencio García, Tel. 922 33 23 59, 1,80 €/Std., Plan S. 118 a2

Restaurants

€ | **Tasca Orotava** Einfaches Bar-Restaurant und Frühstückslokal. Hausmannskost, Tapas, Burger. Sehr preiswert und solide. ■ Calle Tomás Calamita 3, Tel. 922 33 62 08, tgl. von früh morgens bis nachts, Plan S. 118 östl. b1

€€ | **Restaurant Victoria** Gehobene Regionalküche mit kreativem Touch im prächtigen Gebäude aus dem 16. Jh. ■ Hotel Victoria, Calle Hermano Apolinar 8, Tel. 922 33 16 83, www.hotelruralvictoria.com, tgl. 13–16, 19–22 Uhr, Plan S. 118 a4

Einkaufen

Canarias Concept Kunst und Handwerk von den Kanarischen Inseln, hier aber weniger traditionell ausgelegt, dafür etwas jünger und breiter gefächert. Neben Schmuck, Keramik usw. sind auch Wein, Postkarten, Kosmetik, Gofio und Musik-CDs im Sortiment. ■ Calle Carrera del Escultor Estévez, www.facebook.com/canariasconcept, Mo–Sa 10–19 Uhr, Plan S. 118 a3

Casa Torrehermosa Hauptniederlassung der Läden »Artenerife«, die ausschließlich auf Teneriffa hergestelltes Kunsthandwerk anbieten: traditionell gestickte Textilien, bunt bedruckte T-Shirts, Goldschmiede-, Filz-, Glasarbeiten und anderes. Hier kann man auch den Kunsthandwerkern bei ihrer Arbeit über die Schulter schauen. ■ Calle Tomás Zerolo 34, www.artenerife.com, Mo–Fr 10–17 Uhr, Plan S. 118 a1

Kinder

Museo Etnográfico de Pinolere In Strohdachhäuschen präsentiert das Museum alte Handwerksberufe und Beispiele traditioneller Wohnkultur, es gibt einen Heilkräutergarten sowie Hühner- und Kaninchengehege. Das Museum organisiert einmal jährlich im September ein großes, mehrtägiges Event: Dann führen rund 200 Handwerker und Kunsthandwerker interessierten Gästen ihre Arbeit vor. ■ Calle Alzados Guanches, Pinolere, Tel. 922 32 69 24, Di–So 10–14 Uhr, 2 €, Kinder 1 €

Events

Corpus Cristi Anlässlich des Fronleichnamsfestes schmücken die Einwohner von La Orotava ihre Straßen und Plätze zwischen der Kirche La Concepción und dem Rathaus mit großen Teppichen aus Blumen und vielfarbigem Vulkansand. Dabei entstehen insgesamt mehrere tausend Quadratmeter große Kunstwerke. Sie zeigen religiöse, ländliche oder auch soziale und abstrakte Motive, der größte Sandteppich breitet sich über den Rathausplatz aus. Der Termin liegt jeweils eine Woche nach dem eigentlichen Fronleichnamstermin, die Festlichkeiten einschließlich einer Prozession dauern mehrere Tage. Das Fest gehört zu den wichtigsten auf den Kanarischen Inseln – und wohl auch in ganz Spanien.

In der Umgebung

Valle de la Orotava
| Landschaft |
An den meisten Tagen des Jahres bringen Passatwinde Wolken mit sich, die am nördlichen Rand der tinerfenischen Berge hängen bleiben. Sie sorgen für milde Temperaturen und fruchtbare Landwirtschaft – ganz besonders im Tal von Orotava. Hier gedeihen edler Wein, köstliche Bananen und andere Früchte, in höheren Lagen finden sich Pinienwälder (mit den robusten Pinos canarios) und teilweise auch Lorbeerwälder (Laurisilva). Weite Ausblicke auf die Landschaft eröffnen sich beispielsweise vom Mirador el Lance (S. 122), vom Mirador de la Corona (S. 123) und dem häufig empfohlenen Mirador Humboldt nordöstlich von La Orotava an der Landstraße TF-21, auf der man das Gebiet gut entdecken kann.

14 Los Realejos

Typischer kanarischer Alltag in einem authentischen Inselstädtchen

Information

■ Plaza de la Unión, Tel. 922 34 61 81, www.losrealejos.travel, Mo–Fr 10–13 Uhr

Der Ort besteht aus zwei Teilen. In Realejo Bajo sind rund um die Kirche Nuestra Señora de la Concepción (18. Jh.) einige historische Gebäude (17.–20. Jh.) erhalten geblieben. In Realejo Alto, dem oberen Ortsteil, steht die Kirche Santiago Apostól. Sie gilt als älteste Kirche der Insel, eine erste Kapelle soll im Jahr 1496 geweiht worden sein. Legenden bzw. nicht gesicherten Überlieferungen zufolge wurden hier die neun Menceyes der Guanchen getauft. Die Kirche wurde bis ins 20. Jh. immer wieder erweitert, sie hat einen schönen Vorplatz mit hohen Bäumen, einem Terrassencafé und der Büste eines wichtigen spanischen Dichters und Gelehrten, der in Realejo Alto geboren wurde: José Antonio Viera y Clavijo (1731–1813). Gegenüber befinden sich eine Aussichtsplattform und die Casa de la Cultura (Kulturzentrum) mit prächtigem Eingang und Holzbalkon. Obwohl der Ort ein wenig verbaut und renovierungsbedürftig wirkt, lohnt sich ein Spaziergang: Zwischen Geschäften, Wohnhäusern und Cafés kommt man gut in Kontakt mit dem ganz normalen Alltag in einem ganz normalen Ort.

In der Umgebung

Mirador de San Pedro

| Aussichtspunkt |

Nah an der Landstraße TF 5 und doch ruhig und idyllisch liegt dieser Aussichtspunkt, der ein weites Panorama über die teils grün-liebliche, teils dramatisch-felsige Küste freigibt – und das sowohl Richtung Osten wie auch nach Westen. Die sehr freundlichen Kellner des gleichnamigen Restaurants – Sitzplätze gibt es sowohl draußen als auch drinnen – servieren solide Fisch- und Fleischgerichte, teils auch etwas ausgefallene Rezepte wie Schweinefleisch mit Apfel-Zimt-Soße. Wer nur ein Getränk und/oder eine Kleinigkeit zu Essen bestellt, ist ebenfalls willkommen. Das Restaurant ist täglich von morgens bis abends durchgehend geöffnet.

Mirador el Lance

| Aussichtspunkt |

Oberhalb von Realejo Alto blickt man hier auf das Orotava-Tal und Puerto de la Cruz. Eine Bronzestatue ehrt den Mencey Bentor, er soll sich von den Felsen in den Tod gestürzt haben, um sich nicht den spanischen Eroberern ergeben zu müssen.

San Juan de la Rambla liegt schön an der Steilküste und besitzt ein uriges Zentrum

Mirador de la Corona
| Aussichtspunkt |
13 *Panoramaausblicke, fast so weit als würde man fliegen*
Wer meint, die Ausschilderung oder das Navi führe ihn in die Irre, braucht nur noch etwas Geduld, dann hat er das Ziel erreicht – am Ende einer schmalen, einsamen Straße. Der Blick reicht weit über Santa Cruz, das Orotava-Tal, die Küste und Plantagen; man genießt eines der schönsten und weitesten Panoramen der Insel. Hier befindet sich auch ein beliebter Startpunkt für Gleitschirmflüge.

15 San Juan de la Rambla

Verträumtes Dörfchen mit einer Reihe von schönen alten Gebäuden

Information

■ Calle El Sol 4, Tel. 922 36 02 40, www.sanjuandelarambla.es, Mo–Sa 9–13 Uhr

Schmale Gassen, weiße Häuser, alles tipptopp gepflegt: So sieht es aus im historischen Dorfkern rund um die Kirche San Juan Bautista (gegründet im 16. Jh., neu errichtet im 18. Jh.). Manche Häuser haben kunstvoll geschnitzte Fensterläden; bei einigen, wie der Casa de los Delgado Oramas, sind große, verzierte Holzbalkone erhalten. Westlich unterhalb des Dorfes liegt der beliebte Naturswimmingpool Charco La Laja. Im Ortsteil Las Aguas, an der Küste östlich des Dorfzentrums, treffen sich die Einheimischen gern zum Sonnenuntergang und zum Abendessen in einem von mehreren Fischrestaurants. Der Blick reicht weit über die steile Küste bis zu den Hotelhochhäusern, die in Puerto de la Cruz an den Wolken kratzen.

ADAC Spartipp

Wer öfters mit den Überlandbussen von Titsa unterwegs ist, sollte sich eine **Ten+ Karte** besorgen, eine Art Prepaid-Card. Sie kostet einmalig 2 €, man kann sie mit einem Guthaben zwischen 5 und 100 € aufladen, die Ersparnis pro Fahrt beträgt zwischen 30 und 50 %. Die Karte ist übertragbar und gilt für alle Busse und Straßenbahnen der Insel mit Ausnahme der Linien im Nationalpark und im Teno-Gebirge. Erhältlich an Busbahnhöfen und Kiosken mit dem Titsa-Logo.

Restaurants

€ | Casa mi madre Solide traditionelle Küche, sehr freundlicher Service, und es gibt eine kleine Terrasse, die den Gästen einen tollen weiten Blick über die Küste gewährt. ■ Calle el Cantito 16, Tel. 922 36 07 56, Do–Mo 13–16 Uhr

16 Icod de los Vinos

Stimmungsvolles Dorf und Heimat des berühmtesten Baumes der Insel

Information

■ Plaza Luis León Huerta 1, Tel. 922 86 96 00, www.turismoicoddelosvinos.com, Mo–Fr 10.30–13.30 Uhr
■ Parken siehe S. 125

Seinen besonderen Ruhm verdankt dieses Dorf einem einzigen Baum, dem »Drago Milenario«, zusätzlich zur

Der uralte »Drago Milenario« gilt als Wahrzeichen von Icod de Los Vinos

Baumbesichtigung sollte man eine halbe bis ganze Stunde für einen Spaziergang einplanen. Zentrum und Schmuckstück des Ortes ist die Plaza de Andrés de Lorenzo Cáceres mit der Kirche San Marcos (16.–18. Jh.). Der parkartige Platz ist auf mehreren Ebenen angelegt, er wurde im 16. Jh. entworfen, bis ins 20. Jh. gestaltet und erweitert. Den Einheimischen dient er als Boulevard, Spielplatz und Treffpunkt. Südlich grenzt die Plaza de la Constitución an, sie umgeben edle historische Wohnhäuser, darunter die Casa de Lorenzo Cáceres (19. Jh.), die von innen besichtigt werden kann. Viele Geschäfte und Weinstuben bieten Proben der guten Weine, die in der Umgebung gedeihen.

Sehenswert

Parque del Drago

| Botanischer Garten |

Von dem Drachenbaum, um den dieser Garten mit inseltypischen Pflanzen angelegt wurde, vermutete man einst, er wachse seit einem oder gar mehreren Jahrtausenden und gab ihm den Namen »Drago Milenario«. Heute schätzt man das Alter des knorrigen Gewächses auf 600 bis 800 Jahre. Im Eintrittspreis ist auch die Besichtigung des historischen Wohnhauses Casa de Lorenzo Cáceres an der Plaza de la Constitución mit Ausstellungen kanarischer Künstler enthalten. Kostenlos und ohne Besuch des Gartens sieht man den Baum von der Plaza de Andrés de Lorenzo Cáceres (oberhalb Calle Arcipreste Osuna).

■ Calle el Barranco, April–Sept. tgl. 9.30–19, Okt.–März 10–18 Uhr, 5 €, Kinder 2,50 €

Museo Guanche

| Museum |

Mit lebensgroßen Figuren vermittelt die Ausstellung lebendige Eindrücke vom Alltag der Guanchen – der Menschen, die Teneriffa vor der Ankunft der Spanier bewohnten und deren Kultur sich noch im 15. Jh. auf dem Niveau der Steinzeit befand.

■ Calle Pepe Floro 5–7, Centro Comercial La Magalona, Tel. 922 19 10 04, Di–Fr 10–18, Mo, Sa 10–14, 14.30–18 Uhr, 6 €, Kinder 3 €

Artlandya

| Puppenmuseum |

Mit viel Liebe und Sachverstand haben die Österreicher Georg und Ingrid Taupe eine Finca-Ruine wieder aufgebaut und darin das einzigartige Museum für zeitgenössische Puppenkunst eingerichtet. Es zeigt eine Sammlung von 360 Puppen und 220 Teddys –

wertvolle Werke internationaler Künstler. Die meisten davon sind anrührend und ehrfurchtgebietend zugleich, so detailreich und ausdrucksstark zeigen sie sich. Der Eintrittspreis enthält eine individuelle Führung für jeden Besucher (ohne Voranmeldung), und es ist ein großer Genuss, wenn die Museumsleiterin oder ihr Mann Gäste mit ihren Puppenwelten vertraut machen.

■ Camino el Moleiro 21, Santa Bárbara (ein Ortsteil von Icod de los Vinos, etwa 4 km vom Drachenbaum entfernt), www.artlandya.com, Di–So 10–18 Uhr, 10 €, Kinder 4,50 €

Playa de San Marcos

| Strand |

Der dunkle Strand war einmal recht groß, wird allerdings immer kleiner. Woran genau das liegt, weiß niemand so genau, deshalb streitet die Gemeinde auch, wie Abhilfe zu schaffen sei. Derweil vergnügen sich die Besitzer der umliegenden Ferienwohnungen weiterhin beim Baden in der Bucht, die durch Felsen vor den Wellen geschützt ist. Anschließend gibt es einen Cocktail in einer der kleinen Bars oder eine Pizza im echt italienischen Restaurant (»Italia in Bocca«, direkt am Strand). Kurioserweise hat die kleine Feriensiedlung eine Kirche mit angeschlossener Kapelle am Strand.

P Parken

Kostenpflichtig im Ortszentrum: Parking El Drago, Avenida Canarias 2, 1,80 €/Std. Kostenfrei an der Playa de San Marcos, hier befindet sich ein großer öffentlicher Parkplatz.

Im Blickpunkt

Sagenhafte Pflanzenwelt

Auf den Kanaren findet man das ganze Jahr über blühende Pflanzen, und von den über 2200 Pflanzenarten sind über 550 sog. Endemiten, d. h. Pflanzen, die es nur hier gibt. Dabei zeigt sich Teneriffa mit einer hohen Artenvielfalt, über 140 davon wachsen nur auf Teneriffa. Besonders ins Auge fallen z. B. Tabaiba dulce (Balsam-Wolfsmilch, ein knorriger Strauch mit vielen Ästen und kleinen Blättern), Säuleneuphorbie (an Kakteen erinnernde Pflanzen mit bis zu 4 m hohen Armen), diverse Aeonium-Arten (niedrig wachsend, rosettenförmig, mit dicken grünen Blättern) und Kanarische Dattelpalmen (Phoenix canariensis). Eine Sonderstellung genießt der Drachenbaum (Drago), der ungewöhnlich aussieht und vielfältig verwendbar ist. Sein roter Saft, genannt Drachenblut, soll Heilkräfte haben, aus seinen Früchten werden Gelees und Liköre hergestellt, die Blätter sind stärkendes Tierfutter, getrocknet lassen sich Körbe daraus flechten. In freier Natur kommt der Drachenbaum (genau genommen handelt es sich um keinen Baum, sondern um ein Spargelgewächs) nur noch recht selten vor, in Parks und Gärten wird er gehegt, gepflegt und geliebt.
Extrem robust ist die Kanarische Kiefer (Pino canario), ihrer dicken Rinde können Waldbrände wenig anhaben. Zwar verbrennen Nadeln und Zweige, doch die Stämme regenerieren sich und schlagen erneut aus.

In der Umgebung

Cueva del Viento

| Höhle |

7 *Auf verborgenen Pfaden geht es hinunter ins Innere der Erde*

Die »Höhle des Windes« ist mit 18 km der fünftlängste Lavatunnel der Welt (alle längeren befinden sich auf Hawaii), er entstand bei einem Vulkanausbruch vor 27 000 Jahren und ist Teil eines einzigartigen Systems über- und untereinander verlaufender Tunnel.

In der Höhle haben sich endemische Tiere entwickelt, aufgrund der totalen Dunkelheit gibt es etwa blinde Schaben und farblose Asseln. Zum Schutz des Ökosystems sind Besichtigungen nur in Gruppen von maximal 16 Teilnehmern möglich, täglich werden nicht mehr als 80 Gäste zugelassen. Sehr qualifizierte Guides leiten die gut zweistündigen Führungen – ein nicht nur informatives, sondern auch sinnlich eindrucksvolles Erlebnis.

■ Calle los Piquetes 51 (etwa 20 Autominuten vom Parque del Drago entfernt), Tel. 922 47 43 80, www.cuevadelviento.net, tgl. Führungen (unterteilt in deutsch-, englisch-, spanischsprachige Gruppen), Teilnahme nur nach Online-Anmeldung (Kreditkarte notwendig), 20 €, Kinder 8,50 €

17 Garachico

8 *Idyllisch gelegenes Dorf mit authentischer Atmosphäre*

Information

■ Avenida República de Venezuela (Infokiosk an der alten Mole am westl. Ortseingang), Tel. 922 13 34 61, www.turismo.garachico.es, Mo–Fr 10-17, Sa, So 10–15 Uhr

Einst war das im 15. Jh. gegründete Garachico ein stolzes, reiches Städtchen, hier befand sich der wichtigste Hafen der Insel; der Handel mit Amerika, Afrika und Europa hatte hier sein

Die Hafenfestung Castillo de San Miguel in Garachico wurde bereits 1575 errichtet

tinerfenisches Zentrum. Ein gewaltiger Vulkanausbruch im Jahr 1706 machte dem ein Ende, der Hafen versank unter Lava und Asche. Seither leben die Menschen v. a. von Landwirtschaft und Fischerei – heute auch ein wenig vom Tourismus, aber die meisten Gäste bleiben nur für eine Stippvisite.

Schon von der Ferne sieht Garachico märchenhaft aus: Auf einer Lava-Landzunge unterhalb des etwa 600 m hoch gelegenen Dorfes El Tanque schmiegen sich farbenfroh in Gelb, Rot, Blau und Grün gestrichene Häuser aneinander und an den Meeressaum. Auch von Nahem betrachtet hat Garachico eine besondere Atmosphäre, der Ort ist gepflegt, aber nicht übertrieben poliert; einfache Wohnhäuser wechseln sich mit alten Adelspalästen ab.

Seit einigen Jahren verfügt Garachico auch wieder über einen Hafen (am östlichen Ortsrand), allerdings machen dort nicht besonders viele Fischer- und Sportboote fest.

Der Turm der Iglesia de Santa Ana überragt die Altstadt von Garachico

Sehenswert

Iglesia de Santa Ana

| Kirche |

Das Hauptkirchlein stammt aus dem 16. Jh., wurde beim Vulkanausbruch des Jahres 1706 zerstört und im recht schlichten inseltypischen Stil wieder aufgebaut. Im Inneren fallen zunächst die Säulen und Bögen auf, dann die kunstvoll geschnitzten Decken. Feine Schnitzkunst zeigt sich auch bei den Figuren am Altar des Allerheiligsten links vom Hauptaltar. Im Eintrittspreis enthalten sind der Besuch einer kleinen Ausstellung religiöser Kunst und der Aufstieg auf den Turm.

■ Calle Francisco Montesdeoca, Mo–Fr 10.30–16.30 Uhr, 1 € (Turm zusätzlich 1 €)

Plaza de la Libertad und Plaza Glorieta San Francisco

| Platz |

Auf den ineinander übergehenden Plätzen spielt sich ein Großteil des gesellschaftlichen Lebens von Garachico ab, hier trifft man sich, hier trinkt man einen Kaffee oder ein Bier, liest Zeitung, plaudert oder flirtet. Für die Bewirtung sorgt ein Jugendstilpavillon mit Tischen unter freiem Himmel – bzw. unter Palmen und Lorbeerbäumen. Historische Bauten säumen die Plätze, darunter das einstige Kloster Convento de San Franciso, das Rathaus und einige Adelspaläste. Ein Denkmal ehrt Lateinamerikas Freiheitskämpfer Simón Bolívar, der aus Garachico stammende Vorfahren hatte.

Espacio Cultural CajaCanarias de Garachico

| Kulturzentrum |

Seit dem Jahr 2016 unterhält die Sparkasse der Kanarischen Inseln dieses Ausstellungs- und Veranstaltungszentrum, untergebracht in einem historischen Gebäude mit bewegter Geschichte. Es diente in früherer Zeit als Kloster, dann als Familiensitz eines Bürgermeisters, es brannte mehrfach ab und wurde immer wieder neu errichtet. Zu sehen sind hochwertige Kunst- und Dokumentationsausstellungen, darunter jährlich im Mai/Juni die Fotoschau »European Wildlife Photographer of the Year«.

■ Calle Esteban de Ponte 31, www.cajacanarias.com, Bei Ausstellungen Di–Sa 10–13, 17–20, So 10–13 Uhr, Eintritt frei

Antiguo Convento de Santo Domingo de Guzmán

| Kloster |

Das Dominikanerkloster aus dem 17. Jh. überstand den Vulkanausbruch des Jahres 1706 unbeschadet. Man kann es nicht betreten (es beherbergt heute ein Altenheim), dennoch lohnt es sich, vorbeizuschauen – wegen der schönen Fassade, die mit ihren Holzbalkonen ein besonderer Blickfang ist, und wegen des lauschigen, grünen Vorplatzes.

■ Calle Santo Domingo 1

El Caletón

| Naturbad |

Die Badelandschaft, direkt unterhalb der Altstadt gelegen, besteht aus verschiedenen Naturbecken aus Lavagestein bzw. Becken, die von der Natur geformt und für Menschen angepasst wurden. Sie sind unterschiedlich groß, hervorragend für Kinder wie Erwachsene geeignet und auch architektonisch ein echter Hingucker. In den Sommermonaten stehen Duschen und Toiletten bereit, und es gibt eine Badeaufsicht.

■ Eintritt frei

ADAC Mittendrin

Die allermeisten Touristen kommen im Rahmen von **Tagesausflügen** nur für eine Stunde nach Garachico, ansonsten sind die Einheimischen meist unter sich – und heißen Gäste herzlich willkommen. Ja, hier ist es tatsächlich noch möglich, ins »authentische Inselleben« einzutauchen. Vor allem, wenn man auch über Nacht bleibt, am Nachmittag im kleinen Krämerladen etwas kauft, sich abends auf einem der Dorfplätze bei einem Bier zu den Einheimischen gesellt, am Morgen im Schwimmbad seine Bahnen zieht und anschließend in einem Café an der Theke einen »cortado« nimmt.

Parken

Kostenfreie Parkplätze findet man an der alten Mole am westlichen Ortseingang (bei der Touristeninformation), an der Uferstraße zwischen El Caletón und Hafen sowie im Ortszentrum hinter dem Rathaus (Einfahrt über die Calle 18 de Julio).

Restaurants

€ | La Perla Sehr schlichte Einrichtung, sehr günstige Preise, sehr bodenständige Küche. Auf den Teller kommen etwa Kaninchen, Albóndigas (Fleischklöße), gegrillter Fisch usw. ■ Calle 18 de Julio 8, Tel. 922 13 33 02, Mo, Fr, Sa mittags und abends, Di, Do, So nur abends

€€ | El Rebojo Hier kann man eine gehobene kanarische Küche genießen, die von internationalen Einflüssen geprägt ist – frisch, fantasievoll und sehr freundlich serviert. ■ Calle Francisco Martínez de Fuentes 17, Tel. 922831198, Fr–Di mittags und abends

€€ | Restaurante Arístides Feines Restaurant, spezialisiert auf Fisch und Meeresfrüchte oder Steak auf heißem Stein. Freundlicher Service, gute Weine und schöner Blick auf den Platz. ■ Calle Francisco Montesdeoca y García 3, Tel. 922 133412, www.restaurantearistides.com, Sa–Mi 12.30–21.30 Uhr

Kneipen, Bars und Clubs

100 Montaditos Fastfoodbar Lokal der bekannten spanischen Kette in guter Lage am Meer. Die ideale Adresse, wenn man nur einen kleinen Imbiss, gut gekühltes Bier und eine entspannte Atmosphäre sucht. ■ Avenida Tomé Cano, Tel. 922830381, spain.100 montaditos.com, tgl. 9–20 Uhr

Einkaufen

La Trastienda Kunsthandwerk, Souvenirs, tinerfenischer Wein und Naturkosmetik mit Aloe Vera und Banane. ■ Calle Esteban de Ponte 28, So–Do 11–19, Fr 12–18, Sa 13–19 Uhr

Tabacos Arturo Arturo, seiner Frau Ana und ihrem Sohn Fran kann man in diesem urigen Laden zuschauen, wie sie Zigarren rollen. Die Tabakblätter stammen aus Sumatra, Brasilien und von der Nachbarinsel La Palma. Außer selbst hergestellten Zigarren der Marke Macuba gibt es auch andere Tabakspezialitäten zu kaufen. ■ Avenida Tome Cano 8, Mo–Fr 10–17, Sa 10–14 Uhr

Sport

Das öffentliche **Freibad** ist eine schöne Alternative zum Schwimmen. Es liegt direkt am Meer, ist mit Atlantikwasser gefüllt, modern und nie zu voll. ■ Avenida Tome Cano, Di–So 9–19.30 Uhr, 3 €, Kinder 1 €

Die natürlichen Becken von El Caletón entstanden 1706 bei einem Vulkanausbruch

Übernachten

Das Angebot an Hotels ist in Puerto de la Cruz groß – je weiter im Zentrum oder je näher am Strand gelegen, desto mehr Unruhe ist in Kauf zu nehmen. Wie im Süden der Insel gilt auch hier: Wer länger als ein paar Tage bleibt, reist als Pauschaltourist oft preiswerter als mit individueller Buchung von Flug und Hotel. Ansonsten gibt es im Norden recht wenige Unterkünfte, zur Auswahl stehen fast nur Landhotels und Ferienwohnungen.

Puerto de la Cruz 110

€–€€ | Hotel Vallemar Gegenüber der Badelandschaft Costa Martiánez liegt das Urlaubshotel (4 Sterne) mit Bio-Restaurant (mit Produkten der Bio-Finca La Vizcaína). Alle Zimmer haben Balkon, Klimaanlage, Heizung. Wer Ruhe wünscht, sollte in den oberen Etagen logieren. Parkplatz 10 €/Tag (Ermäßigung bei längerem Aufenthalt), limitierte Plätze, bitte reservieren. ■ Avenida de Colón 4, Tel. 922 38 48 00, www.hotelvallemar.com

€€ | Hotel Riu Garoe Modernes Ferienhotel in einem ruhigen Viertel, 2 km von der Costa Martiánez entfernt. Swimmingpool, Sonnenterrasse, Hallenbad, kostenloser Shuttlebus ins Zentrum. Parken 8 €/Tag (oder kostenlos in der Umgebung). ■ Calle Dr. Celestino González Padron 3, Tel. 922 38 29 88, www.riu.com

€€€ | Hotel Botánico Sehr elegantes Fünf-Sterne-Hotel. Großer Garten, Swimmingpool, Gourmetrestaurants, Spa- und Wellnessbereich im orientalischen Stil. Das Traditionshaus betreibt die Familie Kiessling (»Loro Parque«, »Siam Park«). Parkplätze sind kostenfrei. ■ Calle Richard J Yeoward 1, Tel. 922 38 14 00, www.hotelbotanico.com/de

€€€ | Hotel Tigaiga Im grünen, ruhigen Süden der Stadt gelegenes Vier-Sterne-Hotel, familiengeführt seit vielen Generationen. Die Zimmer sind renoviert, haben Balkon, Klimaanlage und bieten schöne Ausblicke auf Teide und Orotava-Tal. Großer Garten, Swimmingpool, Sauna. Sehr beliebt, rechtzeitig reservieren! Parkplatz kostenfrei. ■ Parque Taoro 28, Tel. 922 38 35 00, www.tigaiga.com

La Orotava 116

€ | Hotel Rural Victoria An die 500 Jahre alt ist das Haus mit Holzgalerien, Holzbalkon, kunstvoll gefliestem Innenhof, Dachterrasse und edlen Zimmern. Es befindet sich im historischen Zentrum. ■ Calle Hermano Apolinar 8, Tel. 922 33 16 83, www.hotelruralvictoria.com

Los Realejos 121

€ | Hotel Rural Bentor Modern-rustikal eingerichtete Zimmer in einem historischen Gebäude aus dem 17. Jh. im Ortszentrum von Realejo Bajo. Mit Swimmingpool und angeschlossenem Restaurant. ■ Calle del Cantillo de Abajo 6, Tel. 922 35 34 58, www.hotelruralbentor.com

Icod de los Vinos 123

€–€€ | Casonas de Marengo Sechs Ferienhäuser aus dem 18. Jh. auf einer großen Finca mit Blick auf den Teide und das Meer, jeweils für maximal zwei Erwachsene plus zwei Kinder. Alle Häuser sind gut ausgestattet, mit Terrasse, Küche, Heizung. Gemeinschaftsflächen: Pool, Gärten, Kinderspielplatz. ■ Camino El Marengo 5, Cueva del Viento (südlicher Vorort von Icod de los Vinos), Tel. 922814985, www.casonasdemarengo.es

€–€€ | Hotel Emblemático San Marcos Nur sechs Zimmer (z. T. mit Balkon) in einem herrschaftlichen Wohngebäude aus dem 18. Jh. im historischen Zentrum des Ortes. Liebevoll saniert, gehobener Standard. Nur für Erwachsene. ■ Calle Hércules 11, Tel. 922816509, www.sanmarcos-hotel.es

Garachico 126

€–€€ | Garahotel Gutes Mittelklassehotel am Ortsrand, in einem alten Wohnpalast (18. Jh.). Terrasse und manche Zimmer mit Meerblick. Alle Zimmer mit Kühlschrank, Klimaanlage, Bademänteln, Föhn usw. ■ Calle Esteban de Ponte 2, Tel. 922831168, www.garahotel.com

€–€€ | Hotel El Patio Auf einem Landgut, umgeben von Bananenplantagen, erhebt sich das stilvolle, gemütliche Hotel. Gegründet wurde das Anwesen im 16. Jh., aus der Zeit ist eine Kapelle erhalten geblieben. Komfortable Zimmer, rustikal und teilweise mit Antiquitäten eingerichtet. Großer Hof mit alten Palmen und Drachenbäumen. ■ Finca Malpaís 1, El Guincho (Vorort östl. von Garachico), Tel. 922133280, www.hotelpatio.com

€€ | Isla Baja Suites Unterschiedlich große (und unterschiedlich teure) Apartments, untergebracht in einem historischen Gebäude. Die Zimmer mit Meerblick gehen zur Küstenstraße, die tagsüber manchmal recht stark befahren ist. ■ Calle Esteban de Ponte 3, Tel. 607336175 www.islabajasuites.com

ADAC Das besondere Hotel

Am schönsten Platz von Garachico steht der Adelspalast **Quinta Roja** aus dem 17. Jh. Er ist um einen Innenhof erbaut, in dem man sich unter Palmen auf gemütlichen Sofas ausruhen kann. Von einer Holzgalerie gehen im ersten und zweiten Stock die 20 Zimmer ab, sie haben alte Holzböden, -decken, viel Komfort und sehr viel Flair. Kostenloser Mountainbike-Verleih.

€€ | Quinta Roja, Plaza de la Libertad 1/ Glorieta San Francisco, Garachico, Tel. 922133377, www.quintaroja.com

Macizo de Teno und der Westen

Von romantischer Einsamkeit zu lebhaften Badeorten – hier liegen verschiedene Urlaubswelten sehr nah beieinander

Ganz oben im Nordwesten, wo Dörflein wie Los Silos und Buenavista del Norte liegen, kommen kaum Touristen vorbei. Wer den Weg nicht scheut, findet sich zwischen weiten Bananenplantagen wieder, auf kleinen Dorfplätzen und an Küsten, so einsam, dass sie viel Platz für Träume lassen. Das Macizo de Teno (Teno-Massiv) ist ein enorm vielfältiges Naturschutzgebiet und Wanderland, aber auch mit dem Auto gut erfahrbar. Kontrastprogramm: Etwas weiter südlich liegen dicht bebaute Urlaubssiedlungen wie Los Gigantes oder Puerto de Santiago. Auch diese Orte haben Charme, den man allerdings erst im zweiten oder dritten Moment spürt.

In diesem Kapitel:

ADAC Empfehlungen:

14 Barranco de Masca
| Wandern |
Anspruchsvoll – und dennoch der beliebteste Wanderweg von allen: vom Bergdorf Masca auf steilem Pfad hinab zum Meer. Krönender Abschluss: mit dem Wassertaxi entlang der Steilküste. 136

15 Restaurante Pancho, Playa de la Arena
| Restaurant |
Das Restaurant ist beliebt bei Einheimischen und Touristen – und das nicht nur wergen der wunderbaren Lage an einem der schönsten natürlichen Sandstrände der Insel. 139

16 Playa de Abama
| Strand |
Die Strandbucht gehört zum Fünf-Sterne-Hotel, doch auch Nicht-Hotelgäste genießen hier Luxus: feiner weißer Sand, schöne Umgebung, eine gute Bar. Vielleicht der beste Strand im Westen. 141

25

16

14

20

Die Kirche Nuestra Señora de los Remedios im Zentrum von Buenavista del Norte

18 Los Silos

In dieses verborgene Kleinod kommen nur ganz wenige Touristen

Information

■ Convento de San Sebastián, Plaza Nuestra Señora de la Luz 9, Tel. 922 84 10 86 www.lossilos.es, Mo–Fr 9–13, Sa 9–14 Uhr

Rund um die Plaza Nuestra Señora de la Luz liegen schöne oder zumindest bemerkenswerte Gebäude wie die schneeweiße Kirche Nuestra Señora de la Luz, gegründet im 16. Jh. Ihre Hauptfassade stammt aus den 1920er-Jahren. Das Rathaus befindet sich in einem typischen Herrenhaus des 18. Jh. Ebenfalls in den 1920er-Jahren erhielt es eine neue Fassade, entworfen von Mariano Estanga, dem Architekten, der auch die Kirche neu gestaltete. Das einstige Franziskanerkloster San Sebastián beherbergt die Touristeninformation und ein Kulturzentrum.

Zu Los Silos gehören die Badeorte La Caleta de Interián und Puertito de los Silos. In Puertito steht an der Strandpromenade beim Charco de la Araña ein 15 m langes, aus den präparierten Knochen eines 2005 vor Gran Canaria gestrandeten Seiwals zusammengesetztes Skelett. Inzwischen ein Wahrzeichen der Gemeinde, will man mit ihm auch das Bewusstsein für Umweltschutz und den Schutz der Meere stärken.

Parken

Öffentlicher Parkplatz an der Calle Susana (hinter dem Kloster), kostenfrei.

19 Buenavista del Norte

Reiseziel für Wanderer, Golfspieler und Liebhaber der Einsamkeit

Information

■ Plaza de los Remedios, Casa Matula, Tel. 922 12 80 80, www.buenavistadel norte.travel, Mo–Fr 9–15 Uhr

Der kleine Ort hat einen hübschen Hauptplatz, die Plaza de los Remedios, mit alten Bäumen, Bänken und einem Pavillon. Rundherum stehen inseltypische Häuser und die im 16. Jh. gegründete Kirche Nuestra Señora de los Remedios. Von Bedeutung ist Buenavista del Norte aber v. a. als Ausgangspunkt für den Ausflug zur Punta de Teno und als Reiseziel für Golfer.

Restaurants

€€ | El Burgado Man genießt eine gehobene Fischküche direkt am Strand mit Panoramaterrasse und toller Aussicht auf die Steilküste. ■ Playa de las Arenas, Tel. 922127831, tgl. von mittags bis abends durchgehend geöffnet

Sport

Buenavista Golf 18-Loch-Golfplatz, wunderschön gestaltet und in spektakulärer Umgebung mit Bergen, Klippen und Meer. ■ Calle Vista La Monja, Tel. 922 129034, www.buenavistagolf.es

Wandern

Ein Ausflugsprogramm inkl. einer geführten Wanderung zur Punta de Teno (siehe unten) bietet die Agentur El Cardón Nature Experience. ■ Büro im Hotel Meliá Hacienda del Conde (S. 142), Tel. 922127938, www.elcardon.com

In der Umgebung

Punta de Teno

| Landschaft |

Durch wildromantische Umgebung führt die TF 445 zum westlichsten Punkt der Insel mit einem Leuchtturm. Hier reicht der Blick über eine dramatische Klippenlandschaft bis zu den Nachbarinseln. Wegen ständiger Steinschlaggefahr wird die Anfahrt mit dem Auto unter der Woche stark reguliert, von Freitagmorgen bis Montagabend ist die Strecke komplett geschlossen. Besser steigt man also auf den Bus um.

■ Tgl. von 9 bis ca. 20 Uhr stündlich Busse zwischen Buenavista del Norte und der Punta, www.titsa.com, Linie 369, 2 € hin und zurück

20 Macizo de Teno

Zauberhafte Berglandschaft, einsam und überaus abwechslungsreich

Information

■ Centro de Visitantes de Los Pedregales, Tel. 922447974, tgl. 9–17 Uhr

Das ca. 8 ha große Naturschutzgebiet Parque Rural de Teno ist eine Art Insel auf der Insel mit einer dramatischen, vielfältigen Landschaft: Gebirge, bis zu 1300 m hoch (am Gipfel Cruz de Gala), dunkle Vulkanfelsen, grün bewachsene Hänge, tiefe Schluchten, steil abfallende Küsten – und dichter, märchenhafter Lorbeerwald. Nur ungefähr 1300 Menschen leben auf dem Gebiet, die größte Siedlung bildet El Palmar mit ihren 500 Einwohnern.

Mehrere befestigte und beschilderte Wanderwege durchziehen die Landschaft, Infos dazu gibt es im Besucherzentrum sowie in den Touristeninformationen von Buenavista del Norte, Los Silos und Santiago del Teide.

Die Landstraße TF 436, die durch das Gebirge führt, ist zwar sicher, aber teil-

Gefällt Ihnen das?

Dann sollten Sie auch einen Ausflug ins **Macizo de Anaga** (Anaga-Gebirge, S. 95) einplanen. Dort wie hier scheint das Teneriffa der Badeurlaube und Bettenburgen Welten entfernt. Zerklüftete Berge und Steilküsten, Landwirtschaft und kleine Dörfer prägen das UNESCO-Biosphärenreservat, und der Lorbeerwald ist dort noch weitaus größer als im Teno-Gebirge.

weise serpentinenreich, eng und steil. Autotouren sollte man nur mit leistungsstarken PKWs unternehmen und vor Einbruch der Dunkelheit beenden.

Sehenswert

Mirador de la Cruz de Hilda

| Aussichtspunkt |

Terrassenfelder, massive, dunkle Berghänge, eine dichte Vegetation und kleine Höfe: Viele Facetten des Teno-Massivs erschließen sich auf einen Blick – besonders eindrucksvoll im Juni und Juli, wenn die Agaven blühen.

■ TF 436, km 14 (nördl. von Masca)

Masca

| Dorf |

Das winzige Dorf liegt in einer spektakulären Umgebung, zieht sich einen steilen Hang hinab und balanciert auf einem Bergkamm. Rundherum geht es hinab in tiefe Schluchten. Masca wird oft als »schönstes Dorf der Insel« bezeichnet, entsprechend groß ist der Andrang. So leben die meisten der etwa 100 Einwohner heute nicht mehr wie traditionell von der Landwirtschaft, sondern sie betreiben Gastronomie oder kleine Geschäfte. Beste Zeit, um den Ort individuell zu besuchen, ist vor 10 oder nach 17 Uhr.

Wandern

14 **Barranco de Masca** Eine spektakuläre Route führt von Masca durch die gleichnamige Schlucht hinunter zum Meer. Mal geht es auf schmalem Pfad zu Füßen steiler Hänge, mal eröffnen sich weite Ausblicke auf die Landschaften des Teno-Gebirges. Die Tour gehört zu den beliebtesten auf Teneriffa, ist relativ anspruchsvoll und teilweise unbefestigt. Die Schlucht wurde 2021 nach fast dreijähriger Sperrung wiedereröffnet. Umfangreiche Arbeiten wurden durchgeführt, Kletterstellen entschärft. Die Schlucht hat dadurch etwas von ihrer Wildheit eingebüßt, ist aber immer noch ein Abenteuer. Die Strecke ist etwa 10 km lang, 620 Höhenmeter sind im Abstieg (ca.

Eine sehr eindrucksvolle Wanderung führt durch den Barranco de Masca ans Meer

3 Std.) und Aufstieg (ca. 4 Std.) zu bewältigen. 2023 wurde ein neuer Bootsanleger zur Bootsabholung nach dem Abstieg fertiggestellt, der allerdings noch auf eine Freigabe vom Küstenschutz wartet. ■ Anfahrt nach Masca per Taxi oder mit Buslinie 355, da die Parkzeit in Masca auf zwei Stunden begrenzt ist, www.titsa.com; die Wanderung kann derzeit nur an Wochenenden und Feiertagen unternommen werden. Eine Gebühr von 16 € ist geplant. Einlass in die Schlucht nur nach vorheriger Anmeldung unter www.caminobarrancodemasca.com

21 Santiago del Teide

Startpunkt für Wanderungen und Fahrten ins Teno-Gebirge

Information

■ Calle La Iglesia 64, Tel. 922 83 92 20, Mo–Fr 8–14 Uhr

Das Dorf bildet eine Art Eingang zum Teno-Massiv, ist Startpunkt mehrerer Wanderwege, ist aber auch selbst einen Besuch wert – dank der kleinen Kirche San Fernando Rey (17. Jh.) und dem benachbarten schönen Rathaus sowie zweier Ausstellungszentren. Santiago del Teide ist das Verwaltungszentrum des gleichnamigen Municipio, zu dem Los Gigantes, Playa de la Arena und ein großes Gebiet im Inselinneren gehören.

Sehenswert

Centro de Visitantes Chinyero
| Ausstellungszentrum |
Das Ausstellungshaus erklärt die Entstehung der Vulkanlandschaften in der Umgebung. Schwerpunktthema ist der Ausbruch des Vulkans Chinyero im Jahr

Santiago del Teide – im Hintergrund ist das 3718 m hohe Bergmassiv zu sehen

1909, durch den sich das Landschaftsbild komplett veränderte. Mit Filmen, Augenzeugenberichten und Erklärungstafeln auch in deutscher Sprache. ■ Avenida de la Iglesia, Di–Fr 9–14.30, Sa 9–16 Uhr, Eintritt frei

In der Umgebung

Centro Alfarero y Museo Etnográfico Cha Domitila
| Töpfermuseum |
In dem kleinen Haus, erbaut aus Natursteinen im Stil traditioneller Wohnhäuser einfacher Bauern und Handwerker, präsentiert das Museum die althergebrachte tinerfenische Art des Töpferhandwerks. Mit schlichten Mitteln entstehen Behältnisse, kaum anders als zur vorspanischen Zeit. Der entlegene Weiler Arguayo (5 km südöstl. von

ADAC Wussten Sie schon?

Teneriffa ist ein Teil von **Makaronesien**. Dies ist die offizielle biogeografische Bezeichnung für die ostatlantische Inselregion mit allen Kanarischen Inseln, den Azoren, Madeira (sowie, je nach Definition, wahlweise auch den Kapverden). Die ursprünglichen Tier- und Pflanzenwelten sind ähnlich, v. a. der Laurisilva, der Lorbeerwald, ist ein Merkmal für die Verwandtschaft der Inseln (mit Ausnahme der Kapverden).

Santiago del Teide) war früher ein Zentrum des Töpferhandwerks.

■ Carretera General de Arguayo 35, Arguayo, derzeit wegen Umbauarbeiten geschl.

22 Los Gigantes

Quirlige Feriensiedlung, umrahmt von einer gigantischen Steilküste

Information

■ Zuständig ist das Büro in Puerto de Santiago, S. 139

Die Ortschaft ist benannt nach den Acantilados de los Gigantes (Steilküste der Giganten): Bis zu 600 m tief stürzen die Felsen des Teno-Gebirges hier ins Meer hinab – ein zerklüftetes, dunkles Massiv, das v. a. im Licht des Sonnenuntergangs magisch leuchtet. Besonders schön anzusehen ist die Küste von der im Süden des Ortes verlaufenden Uferpromenade – oder von einem Boot aus. Verschiedene Bootstouren starten am Jachthafen von Los Gigantes, auch Delfin-/Walbeobachtung, Angeltouren und Segeltörns sind hier im Programm, ebenso wie Wassersport von Tauchen bis Jetski. Der Ort Los Gigantes selbst ist ziemlich verbaut, viele Apartmentanlagen gibt es hier, in denen überwiegend britische Touristen ihren Urlaub verbringen.

Hinter Los Gigantes erhebt sich eine bis zu 600 m hohe, fast senkrechte Felswand

23 Puerto de Santiago und Playa de la Arena

Ein Mix aus Ferien- und Wohnort mit schwarzem Strand und dunklen Felsen

Information

■ Avenida Marítima, Centro Comercial Seguro el Sol, Tel. 922 86 03 48, Mo–Sa 8–16 Uhr

Am sogenannten Hafen von Santiago (Puerto de Santiago) liegen nur noch vereinzelt kleine Boote, schon lange hat sich der Fischerort zum Urlaubszentrum gemausert, das nahtlos in die Nachbarorte Playa de la Arena und Los Gigantes übergeht. Obwohl ein Hotel an das andere gebaut wurde, hat der Ort einen gewissen Charme, was wohl v. a. daran liegt, dass hier auch viele Einheimische wohnen. Der natürliche schwarze Sandstrand, nach dem die Siedlung Playa de la Arena (d. h. Sandstrand) benannt wurde, ist 140 m lang und ist mit Duschen, WCs, Liegen und Sonnenschirmen ausgestattet. Weiter nördlich befinden sich idyllische Badeplätze an dunklen Felsformationen.

Restaurants

15 **€€ | Restaurante Pancho** Das Restaurant ist eine Institution und existiert schon über 40 Jahre. Die Lage direkt am Strand ist privilegiert. Aus der Küche kommen Köstlichkeiten aus dem Meer, manchmal Kaninchen und phantasievolle Nachspeisen. Die Einheimischen lieben das Lokal. ■ Avenida Marítima 26, Playa de la Arena, Tel. 922 86 13 23, www.restaurantepancho.es, Di-Sa 13–16, 19.30–21.30 Uhr

Im Blickpunkt

Kaffee für Kenner

Die Vielzahl der in Cafés erhältlichen Kaffeespezialitäten ist enorm. Hier die wichtigsten: »café solo« (starker kleiner Kaffee, Espresso), »cortado« (Espresso mit einem Schuss Milch), »café americano« (verlängerter Espresso), »café con leche« (Milchkaffee), »café bombón« (Espresso mit süßer, dickflüssiger Kondensmilch), »barraquito« (Espresso mit Milch, gesüßter Kondensmilch, Zitronenschale, Likör und Zimt – gern auch zum Dessert). Sehr erfrischend ist der »café con hielo«: ein »café solo« oder »americano«, den man zunächst süßt, in der Tasse umrührt und dann in ein Glas mit Eiswürfeln schüttet.

24 Guía de Isora

Wohlstand und Gemütlichkeit, historische und zeitgenössische Architektur

Information

■ Avenida Isora, beim Centro Cultural, Tel. 922 85 12 22, www.guiadeisora.org, Mo–Fr 10–14 Uhr (Juli, Aug. geschl.)

Das Städtchen, Verwaltungszentrum des gleichnamigen Municipo, gelangte durch die Landwirtschaft im 19. und frühen 20. Jh. zu Wohlstand. Besonderen Erfolg hatten die Bauern bei der Zucht der Cochenilleschildlaus auf Opuntien (einer Kaktusart). Aus den Insekten wurde der rote Farbstoff Karmin gewonnen (und wird es teilweise noch heute). Weitere wichtige Erzeugnisse sind und waren Bananen und Tomaten.

Im Blickpunkt

Teneriffa als Filmschauplatz

Mondlandschaften und ferne Planeten, dichter Dschungel, einsame Buchten, spektakuläre Bergpanoramen, schwindelerregende Steilküsten: Viele Landschaften auf Teneriffa scheinen wie geschaffen als Kulissen für Filmproduktionen. Seit Jahren kommen internationale Filmteams auf die Insel, angelockt nicht nur von den natürlichen Gegebenheiten, sondern auch von günstigen Steuern und einer guten Infrastruktur mit hoch professionellen Dienstleistern. Die Insel war Schauplatz u. a. für »Kampf der Titanen« und »Zorn der Titanen«, »Jason Bourne«, »Fast and Furious 6« oder auch – schon in den 1960er-Jahren – »Eine Million Jahre vor unserer Zeit« mit Raquel Welch. Auch für Serien wie die BBC-Produktion »Silent Witness« kommen Filmteams teilweise wochen- und monatelang nach Teneriffa. Als Schauplatz am beliebtesten ist der Teide-Nationalpark. 2019 drehte der Disney-Konzern mehrere Monate lang einen Marvel-Film auf Teneriffa, Lanzarote und Fuerteventura. Laut der kanarischen Regierung handelte es sich dabei um die größte Filmproduktion des Jahres in ganz Europa.

Eine große Anzahl nobler Wohnhäuser aus dem 19. und 20. Jh. bezeugt die Geschichte des Wohlstands und bereichert das angenehme Stadtbild. Heute bringt der Tourismus an der Küste das Geld. Bei einem Spaziergang über den Platz mit der Kirche Nuestra Señora de la Luz und durch die Gassen rundherum erspürt man die ruhige, gelassene Atmosphäre des Ortes.

25 Playa de San Juan

Entspannende Urlaubs- und Fischersiedlung mit Strand und Hafen

Information

■ Avenida Juan Carlos I (am Südende beim Hafen), Tel. 922 13 89 87, Mo–Sa 9–15, im Sommer bis 14 Uhr

Vom schönen, langen Strand am Ortsrand blickt man hinüber zum recht großen Fischereihafen. Tourismus und das Alltagsleben existieren harmonisch miteinander. Es gibt keine Hotels, sondern nur Ferienwohnungen, und zwar in denselben Straßen, in denen Einheimische leben. Hier fühlt man sich tatsächlich wie in einer kleinen spanischen Stadt und kann noch ein Stück ursprüngliches Teneriffa erleben.

Parken

Zum Abstellen des Autos gibt es einen geschotterten Platz in Strandnähe.

Restaurants

€ | Taberna Maritima Agua y Sal An der Uferstraße gelegen, bietet das hervorragende Fischrestaurant tolle Qualität in landestypischer Atmosphäre, man sucht an der Fisch-Theke das Gewünschte aus. Reservierung ist empfehlenswert, auch viele Einheimische essen hier. ■ Avenida Emigrante 24, Tel. 922 08 57 68, Mi–So 13–22 Uhr

Sport

Pama Diving Kleine Tauchbasis unter deutscher Leitung, freundlich-familiäre Atmosphäre, gutes Leih-Equipment. Das vierköpfige Team besteht aus recht gewissenhaften Tauchlehrern und -guides. Anders als bei den meisten anderen Tauchzentren auf Teneriffa muss man weder seine Flasche weit schleppen noch viel schwimmen, sondern fährt mit einem Boot hinaus zu den schönen Tauchplätzen. ■ Calle Canarias 10, Tel. 671304558, www.pamadiving-teneriffa.com

In der Umgebung

Playa de Abama

| Strand |

16 *Fünf-Sterne-Strand zum Nulltarif, umgeben von Bananenplantagen*

Unterhalb des Luxushotels Abama befindet sich die von Natur aus schon sehr schöne Strandbucht, umgeben von Steilküste und Plantagen. Dank des Hotels gibt es zudem immer einen sauberen hellen Sand, komfortable Duschen/WCs und eine schöne Bar – all das können auch Besucher nutzen, die nicht selbst im Hotel wohnen.

Vom öffentlichen Parkplatz am Hotel geht es zu Fuß etwa 10 Min. ziemlich steil bergab zum Strand. Man kann auch mit dem Auto nach unten fahren, dort aber nur kurz halten, um Mitfahrende abzusetzen.

Alcalá (Piscinas naturales)

| Naturschwimmbad |

Nördlich von Alcalá gibt es eine sehr schöne öffentliche Badelandschaft in den natürlichen Felsen, die durch eine Felsbarriere vom offenen Meer abgetrennt ist. Mit großen und kleinen Schwimmbecken, mit Plattformen zum Sonnetanken, mit Duschen, WCs und Badeaufsicht ist alles für einen perfekten Badetag vorhanden. Umgeben von einer grünen Parkanlage.

■ Nördl. des Dorfes Alcalá, unterhalb des Hotels Gran Meliá, Eintritt frei

Durch die umliegenden Klippen ist die Bucht der Playa de Abama sehr windgeschützt

Übernachten

Ein gutes Mittelklassehotel, nicht zu groß, in ruhiger Umgebung, aber auch nicht zu entlegen. Mit gutem Komfort und persönlichem Service – das wäre schön? Im Westen Teneriffas ist so etwas jedoch kaum zu finden. Die Hotellerie spiegelt Landschaften und Urlaubskulturen wider – Gäste haben die Wahl zwischen drei Arten von Häusern: einfache Hotels und Gästehäuser auf dem Lande (die charmant sein können, aber nicht immer alle Ansprüche erfüllen), große Familienhotels in den Urlaubsorten (oft Aparthotels oder mit All-inclusive-Verpflegung) oder Luxushotellerie auf höchstem Niveau.

Los Silos 134

€ | Casa la Ranita – Eco-Hostal Gästehaus für Familien und Gruppen (bis zu 13 Personen). Fünf Schlafzimmer, Wohnzimmer, zwei Badezimmer, Bio-Frühstück. Direkt am Hauptplatz von Los Silos. ■ Plaza de la Luz 4, Tel. 674 47 12 49, www.casalaranita.org, detaillierte Beschreibung und Preisabfrage unter www.booking.com

€€ | Hotel Luz del Mar Das Vier-Sterne-Hotel, erbaut im Stil eines kanarischen Dorfes, kommt insbesondere für Wanderer und Golfspieler in Frage. In sehr ruhiger Umgebung außerhalb von Los Silos gelegen. Geräumige Zimmer mit Fußbodenheizung, Klimaanlage, Kitchenette. ■ Avenida Sibora 10, Tel. 922 84 16 23, www.luzdemar.de

Buenavista del Norte 134

€€€ | Meliá Hacienda del Conde Fünf-Sterne-Anlage am Golfplatz. Architektur im Stil eines traditionellen Herrenhauses. Die Ausstattung der geräumigen Zimmer ist so edel wie typisch kanarisch, viele haben Meerblick, alle Balkon oder Terrasse. Nur für Erwachsene. ■ Paseo Severiano Ballesteros, Tel. 922 06 17 00, www.melia.com

Santiago del Teide 137

€ | La Casona del Patio Landhotel auf einem großen, historischen Gut. Vier Sterne, schöner Patio und Terrasse mit weiter Sicht auf das Gebirge. Auch die Superior-Zimmer verfügen über Terrassen mit herrlichen Ausblicken.Restaurant, Lesezimmer, Reitstall, geführte Ausritte. ■ Avenida de la Iglesia 68, Tel. 922 83 92 93, www.lacasonadelpatio.com

Puerto de Santiago 139

€ | Blue Sea Lagos de César Modernes Vier-Sterne-Hotel mit Swimmingpools, Dachterrasse. 116 geräumige Zimmer und Suiten, alle mit Balkon. Nicht direkt am Meer gelegen. ■ Calle José González, Tel. 922 86 86 40, www.blueseahotels.com

€ | Casa El Atajo Uriges Landhotel in Chío, im Inselinneren östlich von Puerto de Santiago in einem einstigen Schulgebäude aus dem 18. Jh. Einfache, aber saubere und ordentliche Zimmer, z. T. mit eigenem Bad,

z. T. mit Gemeinschaftsbad. Gemeinschaftsküche für Selbstversorger. Hier wohnen v. a. Wanderurlauber. ■ Calle El Atajo 9, Chío, Tel. 922 85 20 38

€ | Dragos del Sur Einfaches Aparthotel auf halber Strecke zwischen Playa de la Arena und Jachthafen von Los Gigantes. Apartments für zwei bis sechs Personen, alle mit Balkon und Kitchenette. ■ Avenida Marítima, Tel. 922 86 25 50, www.hoteleslosdragos.com

€€ | Globales Tamaimo Tropical Aparthotel: 370 Apartments für zwei bis vier Personen. Pools, Sonnenterrasse, Animation/Unterhaltung. Drei Sterne. Selbstversorgung oder All inclusive möglich. ■ Calle La Hondura, Tel. 922 86 06 38, www.hotelesglobales.com

€€–€€€ | Barceló Santiago Vier-Sterne-Hotel mit tollem Ausblick auf die Klippen von Los Gigantes. Große Poollandschaft mit schönen Terrassen, Spa, modern gestaltete Zimmer. Adults only. ■ Calle La Hondura 8, Tel. 922 86 09 12, www.barcelo.com

Playa de San Juan 140

€–€€ | Hotel Rural El Navío Landhotel auf einer Bananenplantage zwischen Playa de San Juan und Puerto de Santiago. Zimmer und Gemeinschaftsräume liebevoll im kanarischen Stil gestaltet. Komfortable Ausstattung, alle 14 Zimmer mit Terrasse. Pool und Restaurant. Nur Erwachsene. ■ Prologación Avenida Los Pescadores, Alcalá, Tel. 922 86 56 80, www.elnavio.es

€€€ | Gran Meliá Palacio de Isora Großes Luxushotel am Rand von Alcalá, wirkt in der ländlichen Umgebung ziemlich deplatziert, aber das stört weniger diejenigen, die drinnen sind, als die, die von draußen schauen. Große Poollandschaft, nahe an schönen Naturschwimmbädern gelegen. Spa/Wellness, edle Restaurants und Bars. Unterschiedliche Bereiche für Familien mit Kindern und nur für Erwachsene. Die Zimmer sind mind. 48 m^2 groß. ■ Avenida Los Océanos, Alcalá, Tel. 922 86 90 00, www.melia.com

ADAC Das besondere Hotel

Das Fünf-Sterne-Hotel **Abama** bietet an Luxus so ziemlich alles Vorstellbare – und mehr. Hier nur ein paar Eckdaten: Zimmer mit Meer- und Gomera-Blick, zehn Restaurants, davon eines mit einem Michelin-Stern, eines mit zwei Michelin-Sternen, sieben Pools, Spa- und Wellness-Bereich, sieben Tennisplätze, 18-Loch-Golfplatz mit 22 Seen/Teichen und 20 000 Palmen. Und eine Seilbahn zum Strand.

€€€ | The Ritz-Carlton, Abama, Carretera General TF 47, km 9, Tel. 922 12 60 00, www.ritzcarlton.com

Adeje und der Süden der Insel

Am Meer: eine riesige künstliche Urlaubswelt. Im Hinterland und in den Bergen: idyllische Dörfer, Plantagen und pure Natur

Bevor sich ab den 1970er-Jahren der Massentourismus entwickelte, gab es an Teneriffas Südküste fast nichts. Nur einige Fischer lebten hier mit ihren Familien, das Land lag brach. Sonnenreichtum und Regenarmut machen Landwirtschaft unmöglich – genau das Wetter, das Urlauber lieben. So kamen schlaue Köpfe auf die Idee, Hotels zu bauen, schnell wurden es mehr – überwiegend preiswerte Familienhotels, oft in unansehnlichen Hochhäusern.

Der Erfolg war und ist enorm, was bis heute erstaunt, denn natürliche Strände sind rar, sie haben grauen Sand und viel Kies. Dafür gibt es künstlich angelegte Badestrände, nicht wenige Familien bleiben zum Baden aber lieber im Hotel. Es sind die von Menschen geschaffenen Urlaubswelten, die den Erfolg der Region ausmachen: Hotelkomplexe, Einkaufszentren, Entertainment, Wasserparks, Wassersport, Golfplätze. Ungefähr 100 000 Gästebetten stehen zur Verfügung, die Auslastung ist hoch. Und es wird weiter und weiter gebaut. In letzter Zeit entstehen fast nur noch Luxushotels, die ebenfalls gut angenommen werden. Nur wenige Kilometer abseits der Touristenstädte blieben schöne Dörfer erhalten, sie sind sehr gepflegt und wohlhabend – dank des Geldes, das an den Küsten fließt.

In diesem Kapitel:

ADAC Top Tipps:

9 Paseo Marítimo, Costa Adeje

| Uferpromenade |

Eine etwa 10 km lange Promenade verbindet die Badeorte im Süden. Autofrei, ruhig, direkt am Meer. Der Abschnitt an der Costa Adeje ist am schönsten. 149

ADAC Empfehlungen:

17 Barranco del Infierno
| Wanderung |
Diese auch für Ungeübte machbare, aber dennoch spektakuläre Wanderung führt durch die »Höllenschlucht« entlang steiler, hoher Felswände und üppiger Vegetation. Das Ziel ist ein kleiner Wasserfall 146

18 Artenerife, Costa Adeje
| Einkaufen |
Dieser kleine Shop an der Strandpromenade hat Kunsthandwerk im Angebot, das garantiert auf der Insel produziert wurde. 149

19 Siam Park, Costa Adeje
| Wasserpark |
Badespaß im Superlativ: gigantisch großer Vergnügungspark mit gigantisch hohen Rutschen. 151

20 Atlantic Eco Experience, Costa Adeje
| Walbeobachtungstour |
Naturerlebnisse, bei denen die Natur nicht leidet: in Kleingruppen zu Besuch bei Delfinen und Walen. 151

21 Jardín Tropical, Costa Adeje
| Hotel |
Stilvolle Anlage direkt am Meer. Schöne Architektur, viel Grün. 158

26 Adeje

Charmante Altstadt und Startpunkt einer spektakulären Wanderung

Information

■ Calle Grande 1, Tel. 922756200, Mo–Fr 8–15 Uhr, www.costa-adeje.es

Der kleine Ort ist das Zentrum der gleichnamigen Gemeinde, zu der auch Teile von Playa de las Américas, Costa Adeje und weitere Badeorte gehören. Obwohl das Städtchen keine Sehenswürdigkeiten im engeren Sinne hat, lohnt sich ein Spaziergang durch den gepflegten historischen Stadtkern. Vor allem zum Mittag- oder Abendessen: An der Calle Grande liegt ein nettes, preiswertes Restaurant neben dem anderen. Am oberen Ende der Straße befindet sich die kleine Hauptkirche Santa Úrsula (16.–18. Jh.). Zusammen mit dem modernen Kirchturm und der Plaza de España bildet sie ein eindrucksvolles Ensemble, das mit dem World Architecture Award (Singapur 2012) ausgezeichnet wurde.

Parken

Kostenlos möglich am südlichen Ortseingang bei der Post (»correos«) zwischen Calle Tinerfe El Grande und Calle Derechos Humanos.

Wandern

17 **Barranco del Infierno** Diese Route führt durch die spektakuläre »Höllenschlucht« (»Barranco del Infierno«), eines der letzten Flussbetten auf Teneriffa, in denen noch Wasser fließt. Es geht entlang steiler, hoher Felswände und üppiger Vegetation. Ziel der Streckenwanderung ist ein kleiner Wasserfall. Länge: 6,5 km (hin und zurück); Dauer: ca. 3,5 Std.; leichte Steigungen; Schwierigkeitsgrad: leicht bis mittel. Erlaubt sind nur 300 Wanderer pro Tag, die mit einer Taktung von 20 alle 30 Min. eingelassen werden – eine vorherige Anmeldung ist also unbedingt erforderlich!
Wegen Steinschlaggefahr ist das Tragen von Helmen Pflicht (Verleih am Eingang, im Eintrittspreis enthalten); auch feste, geschlossene Schuhe sind obligatorisch. Bei starkem Wind oder Regen wird der Weg gesperrt. Die Schlucht war immer wieder teils jahrelang gesperrt, die Steinschlaggefahr ist sehr hoch, doch nach umfangreichen Sicherungsarbeiten ist die Wanderung seit 2020 wieder möglich. ■ Startpunkt am Rande von Adeje, am Ende der Calle de los Molinos, Juni–Mitte Sept. 8–14, Zugang 8–10.30, Mitte Sept.–Ende Mai 8.30–14.30, Zugang 8.30–11.30 Uhr, 11 €, Kinder 5,50 € (Einlass für Kinder ab 5 Jahren), Informationen/Reservierung: Tel. 922780078, www.barrancodelinfierno.es/de

27 Playa Paraíso

Badeort im Aufwind mit guten Hotels und unkomplizierter Gastronomie

Information

■ Zuständig sind die Büros in Adeje und Costa Adeje

Nein, paradiesisch ist es hier nicht, aber nach der Eröffnung des Hard Rock Hotels im Jahr 2016 erfuhr der kleine Badeort eine Aufwertung. Nach und nach kamen nette Bars und kleine Geschäfte hinzu. Zudem eröffnete ein

Fünf-Sterne-Hotel. Ansonsten besteht Playa Paraíso überwiegend aus großen Gebäudekomplexen aus den 1970er-Jahren mit privaten Ferienwohnungen. Die schöne kleine Strandbucht Playa Las Galgas wird erstaunlich wenig genutzt, hier kann man recht ungestört baden und Sonne tanken.

Restaurants

€ | Mesón Bistró Eine Kombination aus Café, Bar und Bistro – die Drinks und kleinen Speisen schmecken auf der Terrasse mit dem schönen Meerblick besonders gut. ■ Centro Comercial El Marqués, Avenida Adeje 300 (direkt am Meer beim Hotel H10 Atlantic Sunset), Tel. 922781241, tgl. 11.30–23 Uhr

€ | Pizzeria Titanic Preiswertes Lokal mit großer Terrasse, netter Service und gutes Preis-Leistungs-Verhältnis. Pizza, Pasta, Cocktails. ■ Calle El Aljibe 16, Tel. 922740707, www.pizzeriatitanic.es, Do–Mo 12–23, Mi erst ab 18 Uhr

Kneipen, Bars und Clubs

Upper Bar Im direkt am Meer gelegenen Fünf-Sterne-Hotel Atlantic Sunset kann man auf dem Dach des Hauptgebäudes zum leckeren Drink einen tollen Panoramablick genießen – vor allem bei Sonnenuntergang! ■ Hotel H10 Atlantic Sunset, Avenida Adeje 300, Tel. 922757435, www.h10hotels.com

28 La Caleta

Das Fünf-Sterne-Ende der Badeküste mit zahlreichen Luxushotels

Information

■ Zuständig sind die Büros in Adeje und Costa Adeje

Eine etwa 10 km lange Strandpromenade verbindet alle Badeorte der Südwestküste von Los Cristianos bis La Caleta miteinander. Am nördlichen

Der eindrucksvolle Barranco del Infierno ist auch für wenig geübte Wanderer begehbar

Die Playa del Duque mit hellem Sand erstreckt sich an der nördlichen Costa Adeje

Ende der Promenade sowie an der benachbarten Playa del Duque herrscht die dichteste Ansammlung von Luxushotels (und es entstehen immer noch neue), entsprechend hochklassig (und -preisig) ist die Gastronomie. Zudem gibt es einen sehr schön angelegten 27-Loch-Golfplatz. Der kleine Ortskern des einstigen Fischerdorfs liegt direkt an der Steilküste mit Felsplateaus und Naturbadeplätzen, auch ein paar ältere, einfache Häuser sind erhalten geblieben. Der Hausstrand der Touristen ist die 325 m lange Playa de la Enramada mit grauem Sand und Kies.

Restaurants

€€ | La Masía del Mar Hier kommen frischer Fisch und Meeresfrüchte in allen Variationen auf den Tisch: Fischgrillplatte, Paella, Fisch- und Meeresfrüchte-Eintopf ... Das Restaurant oberhalb der Steilküste bietet zudem einen tollen Ausblick. Auch für einen Cocktail und Tapas geeignet. ■ Calle El Muelle 3, Tel. 922 71 08 95, www.masiadelmar.com, tgl. mittags und abends

€€–€€€ | La Vieja Edle Fischküche in stilvoller Umgebung, für das passende Getränk sorgt die große Weinkarte (kanarische und iberische Weine), schöner Meerblick. ■ Edificio Terrazas de la Caleta I, Tel. 922 71 15 48, www.restaurantelavieja.com, tgl. mittags und abends

29 Costa Adeje

Kunterbuntes Urlaubsleben, sehr international und von Jung bis Alt

Information

■ Avenida Litoral (Strandpromenade), Playa Fañabé, Tel. 922 71 65 39, Mo–Fr 10–17 Uhr (im Sommer bis 16 Uhr)

■ Calle Rafael Puig de Lluvina 1 (an der Promenade), Playa de Troya, Tel. 92275 0633, www.costa-adeje.es, tgl. 10–17, im Sommer bis 16 Uhr
■ Parken siehe S. 149

Das jüngste und größte der drei Urlaubsgebiete im Süden – Los Cristianos, Playa de las Américas, Costa Adeje – beginnt offiziell am Barranco de Troya (Troya-Schlucht), in Wirklichkeit gehen alle drei nahtlos ineinander über. Künstlich angelegte helle oder graue Sandstrände wie die Playa de Troya und Playa de Fañabé wechseln sich ab mit steinigen Abschnitten und Felsküste. Fast überall kann man Liegen und Sonnenschirme mieten, es gibt Duschen, Toiletten und Rampen für Rollstühle. Das Urlaubsgebiet ist von Playa de las Américas aus in nordwestliche Richtung gewachsen. Während am ältesten Ende die Drei-Sterne-Hotellerie vorherrscht, werden in Richtung La Caleta die Hotels und die Gastronomie immer exklusiver.

Sehenswert

Paseo Marítimo

| Uferpromenade |

9 *Spazieren, schauen, baden, shoppen, schlemmen und Spaß haben*

Von Los Cristianos bis nach La Caleta verläuft eine durchgehende, autofreie Uferpromenade, die sich über etwa 10 km Länge erstreckt. An der Costa Adeje ist sie am schönsten, die Landschaft mit verschiedenen Stränden ist abwechslungsreich, die Auswahl an Geschäften und Lokalen groß, aber dennoch übersichtlich und nicht zu ramschig. Mit zunehmender Exklusivität der Hotels Richtung Norden wird auch die Gastronomie edler, immer größer werden die ruhigen Abschnitte ganz ohne Läden und Lokale.

Parken

The Corner Shopping Center, Calle Unterhaching, Tiefgarage, 1,80 €/Std.; Centro Comercial Plaza del Duque, Calle Londres, Tiefgarage, 1,80 €/Std.; Puerto Colón, Parkflächen am Sporthafen, 1,20 €/Std., 14,40 €/Tag.

Kneipen, Bars und Clubs

Papagayo Beach Club Weiße Sofas, Tische, Liegen, leichte Speisen, coole Drinks. Ziemlich stylish, direkt an der Promenade. Nachts ab 23 Uhr häufig Partys, dann kostet der Club Eintritt. ■ Playa de Troya, Avenida Rafael Puig Lluvina, Tel. 922788916, www.papagayobeachclub.com, tgl. von morgens bis nachts

Einkaufen

18 **Artenerife** In dem Pavillon an der Strandpromenade gibt es ausschließlich Produkte, die auf Teneriffa hergestellt sind, z. B. Tischdecken mit feinen Stickereien, bedruckte T-Shirts, Schmuck, Seifen, Töpferwaren. ■ Calle Rafael Puig Lluvina (an der Strandpromenade der Playa de Toya), www.artenerife.com, Mo–Fr 10–17, Sa 10–13 Uhr

ADAC Wussten Sie schon?

Nicht wenige »**Zimmer mit Meerblick**« im Bereich Costa Adeje haben zugleich direkten Ausblick auf die Autobahn. Die verläuft nämlich zwischen der Küste und den vielen Hotel- und Apartmentanlagen weiter oben am Hang.

Plaza del Duque Edles Einkaufszentrum mit teuren Designershops, aber auch mittelpreisigen Modegeschäften, Sonnenbrillenläden, Parfümerien usw. Auch architektonisch ein Hingucker. Kostenloser Shuttlebus zu vielen Hotels. ■ Calle Londres, www.plazadelduque.com, tgl. 10–22 Uhr

Siam Mall Großes, luftig gestaltetes Einkaufszentrum mit Filialen bekannter Textilketten wie Mango, H&M, Timberland usw. Vertreten sind aber auch einige spanische Labels, die es in Deutschland nicht gibt. Kostenlose Busse verkehren zwischen den Hotels an der Südwestküste und der Mall. ■ Avenida Siam, Tel. 922750252, www.ccsiammall.com, tgl. 10–22 Uhr

Kinder

Aqualand Der Wasserpark ist besonders für Familien mit kleinen Kindern geeignet, denn viele der Schwimmbecken, Rutschen und anderen Attraktionen sind nicht zu abenteuerlich, sondern auch für den Nachwuchs okay. Für die Eltern wurde ein Entspannungsbereich mit großem Warmwasserwhirlpool eingerichtet. Kostenloser Bustransfer ab Los Cristianos, Playa de las Américas, Costa Adeje. ■ Avenida de Austria 15, Tel. 922715266, www.aqualand.es, Juli, Aug. tgl. 10–18, Sept.–Juni 10–17 Uhr, ab 30 €, Kinder (3–4 Jahre) ab 13 €, (5–10 Jahre) 22 €

Jungle Park In dem schön angelegten zoologischen Garten leben Löwen, Leoparden, Lemuren, Seelöwen und viele Vögel. Das Highlight sind Flugshows mit

ADAC Spartipp

Beim Kauf eines **Kombitickets** für Aqualand und Jungle Park kann man eine Menge Geld sparen: Je ein Tag im Wasser- und im Tierpark kosten zusammen nur 17–35,50 € für Kinder (je nach Alter) und 45 € für Erwachsene. Für beide Attraktionen gibt es auch Familienkarten: jeweils 108 € für zwei Erwachsene und zwei Kinder (nur online).

Im Blickpunkt

Walbeobachtung

Vor Teneriffas Westküste leben ganzjährig Grind- und Pilotwale, Große Tümmler und Gemeine Delfine, insgesamt lassen sich dort mehr als 20 Meeressäugerarten erspähen. Walbeobachtungstouren sind ein tolles Erlebnis für die Gäste – und für die Anbieter ein einträgliches Geschäft. Tierschutzgesetze und -normen regeln den Beobachtungstourismus. An den Booten autorisierter Veranstalter flattert eine gelbe Flagge, auf der ein Rettungsring, zwei Wale und die Aufschrift »Barco Azul« zu sehen sind. Eine Prüfung im Jahr 2016 ergab jedoch, dass 60 % der Veranstalter gegen Tierschutzgesetze verstoßen. Manche Firmen nehmen aber auch noch mehr Rücksicht auf das Wohl der Tiere, als vorgeschrieben ist. Dazu gehört etwa Atlantic Eco Experience (S. 151). Grundsätzlich empfehlenswert sind kleine Boote, die reichlich Abstand zu den Walen halten, sie nicht verfolgen und in ihrer Nähe den Motor ausschalten.

Adlern und exotischen Vögeln wie Papageien und Aras. Spaß macht auch die Tropfsteinhöhle, und Kinder lieben die 800 m lange Rodelbahn. ■ Urbanización Las Águilas del Teide, Arona, Tel. 922729010, www.junglepark.es, tgl. 10–17.30 Uhr, ab 32 €, Kinder ab 13 € und 25 €

19 **Siam Park** Der gigantisch große Bade- und Vergnügungspark bietet Entspannung, Unterhaltung und Adrenalinkicks für alle Altersgruppen, v.a. für Familien mit Kindern ab acht bis zehn Jahren. Auf einer 28 m hohen Rutsche erreicht man Geschwindigkeiten bis zu 80 km/h, am Ende gleitet man durch ein Aquarium. Die sehr grüne, parkähnliche Anlage ist im Thai-Stil gestaltet, mit schwimmendem Markt, Drachen und Gebäuden, die an Tempel erinnern. ■ Avenida Siam Park, kostenlose Shuttlebusse von/nach Los Cristianos, Playa de Las Américas und Costa Adeje, Tel. 822070000, www.siampark.net, Mai–Okt. 10–18, Nov.–April 10–17 Uhr, ab 42 €, Kinder ab 30 €

Erlebnisse

20 **Atlantic Eco Experience** Vor Teneriffas Westküste liegt eines der weltweit besten Gebiete zur Beobachtung von Walen und Delfinen. Besonders spannend sind Ausflüge in kleinen Gruppen wie bei diesem Anbieter. Vorsichtig nähert sich das Boot den Tieren, hält immer den nötigen Abstand, um sie nicht zu stören. Ein Biologe ist als Guide an Bord, erklärt die Welt der Meeressäugetiere und beantwortet Fragen. ■ Ab Puerto Colón, Tel. 638770306, www.atlanticecoexperience.com, dreistündige Tour inkl. Imbiss/Getränke 75 €, Kinder 38 €

Puerto Colón Der Jachthafen ist Ausgangspunkt für jede Art von Ausflügen und Vergnügungen auf und mit Booten: Segeltörns und Walbeobachtung, Hochseefischerei und Tauchen, Jet-Ski, Paragliding usw.

Ein Paradies für Wasserratten und Sonnenanbeter: die Playa de las Américas

30 Playa de las Américas

Sonne, Strand, Surfen, Shopping: der Urlaubstraum vieler Gäste

Information

■ Avenida Rafael Puig Llivina 19, Tel. 922797668, www.arona.travel, Mo–Fr 9–16.30 Uhr

Hotels und Einkaufszentren stehen hier dicht an dicht, lange hatte die Feriensiedlung, deren Geschichte als

Touristendestination bis in die 1950er-Jahre zurückreicht, als vor allem skandinavische Gäste den warmen Südwesten Teneriffas als ihr Urlaubsziel auserkoren hatten, einen schlechten Ruf als Ansammlung billiger Bettenburgen. In den letzten Jahren wurde Playa de las Américas allerdings durch Grünanlagen, Shopping- und Gastrozonen aufgewertet. Außer einem grauen Sandstrand gibt es überwiegend eine natürliche Fels- und Kiesküste. Wer hier urlaubt, badet in der Hotelanlage oder spaziert zu einem Strand weiter nördlich an der Promenade.

Restaurants

€–€€ | Ardi Feine italienische Küche, exzellentes Preis-Leistungs-Verhältnis. Gemütliche Räume, Terrasse. Der Service ist außerordentlich freundlich. ■ Avenida Antonio Domínguez 6, Centro Comercial El Camisón, Local 34, Tel. 603 37 85 57, Mi–Sa nur abends

€€ | Mesón Castellano Hier kommt traditionelle kanarische und iberische Küche auf den Tisch – so gibt es etwa Lamm, Steaks, Kaninchen, Schinken, Fisch, Muscheln usw. in guter Qualität, meist ist es sehr voll und recht laut. ■ Avenida Antonio Domínguez, Centro Comercial El Camisón, Local 38–40, Tel. 922 79 21 36, www.mesoncastellano.com, Mo–Sa 13–23 Uhr

Einkaufen

Milla de Oro Offiziell heißt sie Avenida de las Américas, aber jeder sagt nur Milla de Oro (Goldene Meile), wenn er diese Einkaufsstraße meint. Mehrere Shoppingzentren nebeneinander bieten Kleidung und Schmuck teurer Labels, die Architektur ist ansehnlich, es gibt Wasserspiele und in den Abendstunden eine schöne Beleuchtung. In der oberen Etage finden sich Restaurants (Filialen von Ketten: Burger, Pizza, Steaks usw.). ■ Shops tgl. 10–22 Uhr

Los Cristianos ist neben Playa de las Américas das Touristenzentrum der Südküste

Bühne

Pirámide de Arona Das Revuetheater bietet seinen Zuschauern unterhaltsame und teils sehr anspruchsvolle Tanzshows. ■ Avenida de las Américas, www.marenostrumresort.com

Sport

Tenerife Surf Point In einem der besten Surfgebiete der Insel: Trainings- und Verleihzentrum für Wellenreiten und Stand Up Paddling. ■ Avenida Rafael Puig Lluvina 32, Tel. 635835760, www.tenerifesurf.es

31 Los Cristianos

Der Ort, an dem der Massentourismus auf Teneriffa seinen Anfang nahm

Information

■ Plaza del Pescador (Centro Cultural), Tel. 922757130, www.arona.travel, Mo–Fr 9–16.30 Uhr

■ Playa de las Vistas, Tel. 922787011, tgl. 9–16.30 Uhr

Im heißen, trockenen Süden der Insel lebten einst nur wenige Fischerfamilien. Da Landwirtschaft unmöglich war, blieb die Region weitgehend unbesiedelt. Das änderte sich in den 1970er-Jahren, als man begann, die Gegend touristisch zu erschließen, und in Los Cristianos erste Hotels baute – und damit die Grundsteine für den Massentourismus legte. Heute gibt es außer vielen Hotels auch noch einige Häuser, in denen einheimische Familien wohnen. Eine kleine Kirche und enge Einkaufsgassen geben dem Ort einen Hauch von spanischem Alltagsflair.

Die Playa de Los Cristianos grenzt direkt an den Hafen, von dem Fähren auf die Nachbarinseln starten sowie Ausflugs-, Sport- und Vergnügungsboote. Westlich schließt sich die größere Playa de las Vistas an, meist geht es hier sehr lebhaft zu. In Los Cristianos beginnt eine schöne, etwa 10 km lange Uferpromenade, gesäumt von Geschäften, Gastronomie und Hotels.

Parken

Aparcamiento Valle Menéndez Parkhaus ■ Calle del Valle Menéndez, 2,65 €/Std., 10,80 €/Tag.

32 Arona

Das kleine Bergdorf verfügt über erstaunlich viel Macht und Geld

Information

■ Plaza del Cristo 1, Tel. 922725180, www.arona.travel, Mo–Fr 8–15 Uhr

Sieht man das kleine Dorf, mag man gar nicht glauben, dass es das offizielle Zentrum der gleichnamigen Gemeinde ist, zu der auch die Touristenhochburg Los Cristianos gehört. Ein etwa 20-minütiger Rundgang reicht aus, um einen Eindruck von dem Dorf zu erhalten. Zunächst geht es die Calle Duque de la Torre hinauf, an der sich historische und neue Wohnhäuser abwechseln. Am Ende der Straße erreicht man den Hauptplatz mit der Kirche San Antonio Abad (17.–18. Jh.), deren Inneres eine wertvolle Holzdecke ziert, geschnitzt im Mudéjar-Stil. Am Platz steht auch das Rathaus, das Gebäude wurde erst 1979 eröffnet, die Architektur ist jedoch traditionell kanarisch.

Abseits des Massentourismus liegt Granadilla de Abona gut 650 m über dem Meer

Parken

Möglichst an der Straße, am Eingang zum historischen Zentrum, nahe der Landstraße TF 51, unterhalb der Calle Duque de la Torre.

33 San Miguel de Abona

Der Ort bietet ein dichtes Konzentrat der ländlichen Inselarchitektur

Information

■ Carretera a los Abrigos 16, San Miguel de Abona, Tel. 922 16 77 91, www.turismo sanmigueldeabona.com, Mo–Fr 8–14 Uhr

Wer 20 bis 30 Min. Zeit hat, sollte in diesem Dörfchen halten. An einer einzigen kleinen Straße, der Calle de la Iglesia, mit niedrigen, bunt gestrichenen Häusern vermittelt sich der traditionelle, ländliche Geist der Insel. Mehrere Schilder informieren (auch in deutscher Sprache) über die unspektakuläre, aber dennoch wissenswerte Geschichte des Dorfes.

Auf einer Anhöhe, umgeben von Terrassen, die weite Ausblicke freigeben, steht die Kirche San Miguel Arcángel. An der Carretera a los Abrigos überrascht das märchenhafte, hellblaue Rathaus. Ein Auswanderer, der in San Miguel de Abona aufgewachsen und in Brasilien zu Wohlstand gelangt war, ließ dieses Gebäude in den 1920er-Jahren als Feriensitz für sich und seine Familie errichten.

Die Gemeinde San Miguel de Abona reicht nördlich über das Dorf hinaus, südlich bis zur Küste, schließt den Ort Los Abrigos und zwei Golfplätze ein.

Sehenswert

Casa del Capitán

| Museum |

Das Gebäude, vor etwa 200 Jahren errichtet, ist ein typisches Beispiel für einen noblen Landsitz mit Innenhof, Getreidespeicher, Weinkelter und -keller. Heute dient es als Wohn- und Landwirtschaftsmuseum, zudem gibt es Ausstellungen über traditionelle Handwerke und Kunsthandwerke der Insel.

■ Calle El Calvario, Tel. 922700887, Mo–Fr 9–13 Uhr, Eintritt frei

In der Umgebung

Mirador de la Centinela

| Aussichtspunkt |

Hier reicht der Blick weit über die Vulkanlandschaften des Südens, man sieht dunkles Lavaland, graue Vulkankegel, aber auch die rötliche Montaña Roja bei El Médano.

■ Landstraße TF 28 zwischen San Miguel de Abona und Valle San Lorenzo

34 Granadilla de Abona

Kanarischer Alltag in den Bergen, unspektakulär, aber angenehm

Information

■ Zuständig ist das Büro in El Médano (S. 156)

Der lang gestreckte Ort hat kaum Sehenswürdigkeiten im engeren Sinne, deshalb kommen nur sehr wenige Touristen. Bei einem Spaziergang und einem Besuch in einem der ganz normalen, schlichten Cafés an der Hauptstraße erhält man gute Einblicke in das Alltagsleben abseits des Tourismus. An der Plaza González Mena beherbergt das ehemalige Franziskanerkloster aus dem 17. Jh. ein Kulturzentrum, nebenan steht das moderne Rathaus. Weiter oben im Ort, an der Calle Padre Estéban erhebt sich die Hauptkirche des Ortes, Iglesia San Antonio de Padua (18./19. Jh.). Stolz ist man in Granadilla darauf, dass sich die Ureinwohner in dieser Gegend besonders lange der spanischen Conquista widersetzten.

Sehenswert

Museo de Historia de Granadilla de Abona

| Geschichtsmuseum |

In einem historischen Wohnhaus untergebracht, informiert das kleine Museum die Besucher über die Kultur der Guanchen, die spanische Eroberung, das historische Alltagsleben, Bräuche und Traditionen.

■ Calle Arquitecto Marrero 3, Mo–Fr 8–14 Uhr, Eintritt frei

ADAC Spartipp

In der gesamten spanischen Gastronomie, ob auf dem Festland oder den Inseln, ist es Usus, ein **Menú del día** anzubieten, also einen Mittagstisch. Im Komplettpreis von 9–12 € sind enthalten: Vorspeise und Hauptgericht, Wasser, Brot und wahlweise Dessert oder Kaffee. In manchen Lokalen ist zudem ein Glas Wein inklusive. Serviert wird das Menú von 13 bis 16 Uhr. In Städten wie Santa Cruz oder Puerto de la Cruz an jeder Ecke, aber auch in touristischen Gebieten, nur muss man da vielleicht ein wenig suchen.

Restaurants

€€ | Tasca Tierras del Sur Gehobene kanarische, spanische und internationale Küche im gemütlichen Ambiente. Freundlicher Service und gute Weine. ■ Calle de Pedro González Gómez 20, Tel. 922771482, www.tascatierrasdelsur.com, Di–Sa abends

35 El Médano

Surfen für Fortgeschrittene – die Szene liebt diesen Ort mit beständigem Wind

Information

■ Plaza El Médano, Tel. 922176002, Mo–Fr 9–16.30, im Sommer bis 15 Uhr

Aus dem Fischerdorf El Médano wurde vor einigen Jahrzehnten ein Top-Spot der coolen, jungen internationalen Surferszene. Aber auch Surfer werden älter, mittlerweile treffen sich hier surfende Jugendliche, Eltern und manchmal auch Großeltern, und zum Wellenreiten und Windsurfen kamen inzwischen die Disziplinen Kitesurfing und Stand Up Paddling hinzu. Der kräftige und beständige Wind an der Playa de El Médano ist nahezu immer perfekt für die Wassersportler, etwas ruhiger ist das Wasser an der kleineren Playa Grande, die direkt an den Hauptplatz des Ortes grenzt.

Im Hintergrund erhebt sich die 171 m hohe Montaña Roja, hinter dem Vulkankegel schließt sich die lange Playa de la Tejita an. El Médano ist heute eine kleine Stadt mit viel Gastronomie, Surfshops und -schulen, völlig planlos gewachsen, aber das internationale, entspannt-sportliche Publikum sorgt für eine angenehme Stimmung.

Parken

Einziger größerer öffentlicher Parkplatz (unbewacht, kostenlos) in der Calle Tenerife. Ansonsten mit Glück an einer Straße. Oder vor 9 oder nach 18 Uhr kommen.

Restaurants

An der Uferpromenade des kleinen Fischerorts **Los Abrigos** westlich von El Médano reiht sich ein Restaurant an das nächste, die meisten sind einander sehr ähnlich: einfache Ausstattung, ehrliche Küche, viel frischer Fisch und Meeresfrüchte.

Cafés

Café M Perfekte Lage an der Uferstraße in unmittelbarer Strandnähe. Seit 2005 etablierter und allseits beliebter Treff zum Frühstück, für leckere Kuchen und deftige Snacks. ■ Paseo Nuestra Señora de las Mercedes de Roja 14, Tel. 699002673, Mi–Mo 9–18 Uhr

Veinte 04 Surf Café Terrasse am zentralen Platz, drinnen bequeme Sofas, sympathischer Service, guter Kaffee, Snacks und ganze Mahlzeiten. ■ Plaza El Médano, Tel. 922178375, Di–So von morgens bis nachts

Sport

Surf Center Playa Sur Treffpunkt, Verleihstation und Trainingszentrum für Windsurfer seit 1982, inzwischen auch Kitesurfing. ■ Calle La Gaviota, Tel. 642850905, www.surfcenter.eu

Tenerife Kitesurf Verleih und Schule für Windsurfing, Kitesurfing, Stand Up Paddling und Wellenreiten. Gegründet und geleitet von Sofía Rodriguez

Lorenzo, der spanischen Kitesurf-Meisterin des Jahres 2002. ■ Paseo Nuestra Señora de las Mercedes de Roja 58, Tel. 674 35 20 07

36 Arico

Ein Dorf mit drei Teilen – und ganz unterschiedlichen Gesichtern

Information

■ Calle Benítez de Lugo 1, Villa de Arico, Tel. 922 16 11 33, Mo–Fr 9–14.30 Uhr

Arico besteht aus drei völlig verschiedenen Ortsteilen, die kilometerweit auseinanderliegen. Nordwestlich, wo die Landstraße TF 625 in die TF 28 mündet, liegt Arico Viejo, eine verschlafene Siedlung mit Wohnhäusern, ein paar Bars, Restaurants, Supermarkt und einer kleinen Kirche. Weitaus interessanter wird es im südlich gelegenen Arico Nuevo, einem im 18./19. Jh. im einheitlichen Stil erbauten Dorf mit so engen Straßen, dass man am Dorfeingang parken sollte. Das Zentrum bildet der Kirchplatz Plaza Iglesia Nuestra Señora de la Luz. Mit den vielen historischen Gebäuden steht Arico Nuevo mittlerweile unter Denkmalschutz. Rund 5 km entfernt liegt an der Einmündung der TF 629 in die TF 28 Villa de Arico, der größte Ortsteil von allen. Die Kirche San Juan Bautista wurde ab dem 16. Jh. erbaut und vor einigen Jahren aufwendig saniert. Links neben dem Eingang wächst ein wunderschöner Drachenbaum, rechts ragt der Glockenturm auf.

Restaurants

€ | **Casa Arbelo** Auf den Tisch kommt bodenständige kanarische Küche. Ein einfaches und solide geführtes kleines Restaurant, wo sich gerne auch die Einheimischen treffen. ■ Calle la Degollada 2, Arico Viejo, Tel. 922 16 10 03, tgl. früh morgens bis ca. 22 Uhr

Die Playa de la Tejita bei El Médano wird von der Montaña Roja eingerahmt

Übernachten

Hotel- und Apartmentsiedlungen nehmen weite Teile der Region ein, die Auswahl ist somit gewaltig. Wer ein solides Mittelklassehotel oder -apartment am Meer sucht, reist am günstigsten, wenn er eine Pauschalreise bucht. An besonderen Unterkünften gibt es (mit wenigen Ausnahmen) nur Luxus- oder Landhotels. Bei Buchungen über Veranstalter können auch die Preise von Vier- und Fünf-Sterne-Häusern deutlich niedriger sein als hier angegeben.

Playa Paraíso 146

€€€ | **Roca Nivaria Gran Hotel** Fünf-Sterne-Hotel auf den Klippen, mit Infinity Pool und grandiosen Ausblicken aufs Meer. Edle Gastronomie, Kinderclub, Spa/Wellness. Dresscode zum Abendessen: sportlich-elegant. ■ Avenida Adeje 300 2, Tel. 922 71 33 69, www.adrianhoteles.com, www.hotelrocanivaria.com

La Caleta 147

€€€ | **Royal Hideaway Corales Beach Resort** Fantasievolle Architektur, extrem luxuriös (5 Sterne plus). 2017 eröffnet. Nur für Erwachsene. Zimmer ab ca. 300 €/Nacht bei individueller Direktbuchung, Pauschalreisen oft deutlich günstiger. ■ Playa de la Enramada, Tel. 922 75 79 00, www.barcelo.com

Costa Adeje 148

21 €–€€€ | **Jardín Tropical** Großer Garten, Genuss, Entspannung: Der Name »Tropischer Garten« hält, was er verspricht, die Anlage ist üppig begrünt. Das 390-Zimmer-Hotel wirkt gar nicht so groß dank seiner verwinkelten, verspielten Architektur. An der Uferpromenade gelegen, mit schönen Pool- und Relaxbereichen, sehr gutes Restaurant (4 Sterne). ■ Calle Gran Bretaña, Tel. 922 74 60 00, www.amrcollection.com

€€€ | **Bahía del Duque** Eine der besten Anlagen im Süden, sehr beliebt, oft ausgebucht. Architektur und Design orientieren sich an kanarischen Traditionen – bis hin zu den Uniformen. Geräumige Zimmer, sehr guter Service, großer Luxus. ■ Avenida de Bruselas, Tel. 922 74 69 32, www.thetaishotels.com/bahia-del-duque/de

€€€ | **Iberostar Grand Hotel El Mirador** Das Fünf-Sterne-Hotel ist im Vergleich zu anderen Anlagen der Region recht klein (120 Zimmer) und bietet dennoch allen erdenklichen Luxus. Strandnah. Nur für Erwachsene (ab 16 Jahre). ■ Avenida Bruselas, Tel. 922 71 68 68, www.iberostar.com

Los Cristianos 153

€€–€€€ | **H10 Big Sur** Erwachsenenhotel (ab 18 Jahre) mit »nur« 167 Zimmern, das ist wenig für diese Gegend. Modernes, helles Design, sehr gepflegte Unterkünfte, Pools, Dachterrasse (4 Sterne). An der Strandpromenade. Mindestaufenthalt fünf Nächte. ■ Avenida Juan Carlos I 28, Tel. 922 79 03 66, www.h10hotels.com

Arona 153

€€–€€€ | Regency Country Club In Chayofa, zwischen Arona und Playa de las Américas, exklusive Anlage für Familien mit Kindern, gestaltet mit balinesischen Stilelementen (4 Sterne). 70 Apartments (mindestens zwei Zimmer, Küche). ■ Calle Armiche 1, Chayofa, Tel. 922729200, www.regencycountryclub.com/de

San Miguel de Abona 154

€ | Hotel Cuatro Esquinas Kleines Landhotel im Dorfzentrum im Gebäude aus dem 19. Jh. Sieben einfache, gemütliche Zimmer mit historischen Elementen (z. B. Holzfußböden). Schöner Innenhof mit Sitzecken, Restaurant. ■ Calle de la Iglesia 11, Tel. 922701187, www.hotelcuatroesquinas.com

€€ | Gran Muthu Golf Plaza Hotel & Spa Studios/Apartments für zwei bis sechs Personen, alle mit Küche, Balkon. Hoher Komfort und vergleichsweise klein (170 Einheiten). An der Küste, in direkter Nähe zu zwei Golfplätzen. ■ Urbanización Golf del Sur, Tel. 922737000, www.muthuhotelsmgm.com

Granadilla de Abona 155

€ | Hotel Rural Senderos de Abona In einem historischen Stadthaus am Rand des Ortes, 17 liebevoll gestaltete Zimmer mit schönen alten Holzfußböden und -decken. Kein Luxus (3 Sterne), aber sehr viel Flair. ■ Calle de la Iglesia 5, Tel. 922770200, www.senderosdeabona.es

El Médano 156

€–€€ | Hotel Médano Mitten im Ort, direkt am Wasser und an der Playa Grande. Das 1963 erbaute Haus war eines der ersten Hotels im Inselsüden. Schöne Sonnen- und Caféterrassen mit Ausblick auf Strände und die Montaña Roja. Schlicht-modernes Design, alle Zimmer mit Balkon (3 Sterne). ■ Paseo Picacho 2, Tel. 922177000, www.medano.es

ADAC Das besondere Hotel

Die **Hard-Rock-Hotelkette** gehört zu den Hard Rock Cafés und eröffnete diese Anlage 2016. Die 624 Zimmer verteilen sich auf zwei Hochhäuser; öffentliche Bereiche und Zimmer sind schick im Seventies-Stil gestaltet. Musik läuft fast rund um die Uhr, DJs legen auf, Livemusik bisweilen schon zum Frühstück, Songs hört man auch unter Wasser im Pool. Alles auf 5-Sterne-Niveau. *€€€ | Hard Rock Hotel, Avenida Adeje 300, Playa Paraíso, Tel. 922741700, www.hardrockhoteltenerife.com*

Der Teide und das Zentrum

Hochgebirge, Vulkanlandschaften, Wälder – das kaum besiedelte Gebiet ist Teneriffas größter Naturschatz

Kaum ein Inselbesucher, der nicht einmal zum Teide fährt – oder auch hinauf, mit der Seilbahn. Der oft schneebedeckte Gipfel des Vulkans ist das beliebteste Postkartenmotiv Teneriffas. In lediglich acht Minuten erreicht man die Bergstation auf 3555 m Höhe, danach sind es noch 163 Höhenmeter bis zum Gipfel, für dessen Besteigung man allerdings eine Genehmigung benötigt. Wer fit ist, kann auch am Fuße des Teide starten und ihn entweder im Rahmen einer Tageswanderung erklimmen oder unterwegs in der schlichten Berghütte übernachten.

Die Landschaft im Nationalpark zeigt sich mal dunkelgrau bis schwarz, mal rostrot, oft beige oder gelblich, hier und dort auch lila oder gar schneeweiß. Hinzu kommt die Vielfalt der Formen: Sandwüste, Aschefelder, erstarrte Laväströme, kleine Vulkankegel, Krater, zerklüftete Felsformationen ... Gut ausgebaute Wege kreuz und quer durch diese unwirklich erscheinenden Landschaften stehen Wanderern zur Verfügung. Auch die Straßen sind sehr gepflegt und von Aussichtspunkten gesäumt, sodass man auf Tagesausflügen mit dem Mietwagen ebenfalls sehr schöne Ein- und Überblicke erhält. Rund um den Nationalpark zieht sich der Parque Natural Corona Forestal, ein Waldgebiet mit dichtem Kiefernbewuchs. Nahe Vilaflor, dem höchstgelegenen Dorf der Insel, führen herrliche Wanderwege durch das Naturschutzgebiet, u. a. zu den zauberhaften Tuffsteinfelsen der »Mondlandschaft« Paisaje Lunar.

Für astronomische Beobachtungen ist Teneriffa einer der besten Orte auf der gesamten Nordhalbkugel, deshalb befindet sich hier ein astrophysisches Forschungszentrum mit über 60 Teleskopen. Willkommen sind auch Laien, die geführten Besichtigungen dort sind interessant und unterhaltsam für Erwachsene und Kinder.

In diesem Kapitel:

ADAC Top Tipps:

10 Parque Nacional del Teide

| Nationalpark |

Der Teide ist mit 3718 m der höchste Berg Spaniens. Ihn umgeben Vulkanlandschaften mit Aussichtspunkten und Wanderwegen. 162

ADAC Empfehlungen:

22 Observatorio Astrofísico del Teide

| Observatorium |

Forschungsinstitute aus aller Welt nutzen hier auf einer Höhe von 2390 m mehr als 60 Teleskope. 164

23 Pico del Teide

| Berggipfel |

Wanderern und Passagieren der Seilbahn eröffnen sich sensationelle Weitblicke über die Insel. 165

24 Atardecer y Estrellas en el Teide

| Nachtausflug |

Geführte Tour: Sonnenuntergang auf dem Teide, Abendessen, anschließend Sternenbeobachtung. 166

25 Paisaje Lunar

| Landschaft |

Helle Tuffsteinkegel umringt von Wald: abstrakte Kunstwerke der Natur. 166

Erstarrte Lavaströme und bizarre Felsformationen im Parque Nacional del Teide

37 Carretera de la Esperanza, TF 24

Die Panoramastraße bietet den schönsten Weg zum Nationalpark

Aus Richtung Norden kommend, ist diese Strecke die mit Abstand schönste zum Teide-Nationalpark. Von Puerto de la Cruz dauert die Fahrt etwas länger als via TF 21, doch der Umweg lohnt sich. Zunächst geht es durch den Bosque de la Esperanza, ein Waldgebiet mit Pinos canarios, Kanarischen Kiefern. Auch Eukalyptusbäume wachsen hier – und, in steigender Höhe, die Fayal-Brezal genannte Vegetation mit Strauchgewächsen wie Baumheide und Gagelbaum. Zudem säumt teils wertvoller Lorbeerwald die Straße.

An der Strecke liegen viele Aussichtspunkte, rechter Hand sieht man das Orotava-Tal, links die grünen Felsen des Tals von Güímar, in der Ferne die Insel Gran Canaria. Bis 1500 m Höhe bedecken meist Wolken den Norden, darüber scheint die Sonne. Ab etwa 2000 m über dem Meeresspiegel breitet sich eine Wüstenlandschaft aus, und der Teide-Gipfel ist zu erkennen. Die Straße ist für große Busse gesperrt. Organisierte Touren sind nur mit Kleinbussen möglich (Volcano Teide Experience etwa bietet Ausflüge ab Teneriffa-Nord in kleinen Gruppen an, www.volcanoteide.com).

38 Parque Nacional del Teide

10 *Vielfältige Vulkanlandschaften und der höchste Berg Spaniens*

Information

- Centro de Visitantes Telesforo Bravo, Calle Dr. Sixto Perera González 25, La Orotava, Tel. 922 92 23 71, Di–So 9–14, 15.30–18 Uhr
- Centro de Visitantes El Portillo, Landstraße TF 21, km 32,1, Tel. 922 92 23 71, tgl. 9–16 Uhr

Der Vulkan Teide ist Teneriffas natürliche Hauptattraktion und sein Wahrzeichen, mit 3718 m ist er der höchste Berg ganz Spaniens und aller atlantischen Inseln. Fast jeder Inselbesucher macht einen Ausflug zum Teide, dank des gut ausgebauten Straßennetzes ist das im Rahmen einer Tagestour möglich, ganz egal, wo man startet und ob man mit dem eigenen Wagen oder einer Gruppe im Bus unterwegs ist. Dabei bleibt auch noch genug Zeit, nicht nur zum Fuß des Teide und per Seilbahn hinaufzufahren, sondern noch weitere Teile des 190 km² großen Nationalparks, der den Hauptvulkan umschließt, zu erkunden. So kann man etwa von Mirador zu Mirador fahren oder auch eine Wanderung unternehmen, es gibt 20 ausgebaute und markierte Wanderwege.

Südlich und östlich des Teide breitet sich die Hochebene Cañadas del Teide aus, sie liegt etwa 2000 m über dem Meeresspiegel. Mal zeigt sich die Landschaft dunkelgrau bis schwarz, mal rostrot, oft beige oder gelblich, hier und dort aber auch lila oder schneeweiß ... Schon allein die Farbabstufungen sind berauschend, hinzu kommt die Vielfalt der Formen: Sandwüste, Aschefelder, erstarrte Lavaströme, kleine Vulkankegel, Krater und zerklüftete Felsformationen.

Seit 2007 gehört der Nationalpark zum UNESCO-Weltnaturerbe, Naturschutz wird sehr groß geschrieben. So ist es verboten, Steine als Souvenir mitzunehmen oder jenseits markierter Wege zu wandern. Angesichts der etwa 3 Mio. Besucher jährlich sind solche Maßnahmen nötig. Dass sie erfolgreich sind, zeigt sich an dem sauberen und wilden, ja, fast unberührt wirkenden Zustand der Landschaft.

Wer einen Mietwagen hat und Vulkanlandschaften mag, sollte erwägen, zwei Ausflüge in den Teide-Nationalpark zu machen, einmal aus Richtung La Orotava oder La Laguna kommend,

ADAC Mobil

Mit den Landstraßen TF 21, TF 24 und TF 38 ist der **Nationalpark** bestens erschlossen. Der Zustand der Straßen ist sehr gut. Die Einfahrt zum Nationalpark ist kostenlos und 24 Std. täglich möglich. Parkplätze sind an allen Aussichtspunkten reichlich vorhanden, aber stark frequentiert. Um 11 Uhr kann schon alles besetzt sein, vor allem um das Hotel Parador und das Besucherzentrum El Portillo. Die Parkplätze an der Zufahrt zur Seilbahn sind eigentlich ab Vormittag immer besetzt, ab Mittag überfüllt, hat man eine Seilbahnfahrt gebucht: genügend Vorlaufzeit zur Parkplatzsuche planen, denn 20 Minuten vor der reservierten Zeit sollte man an der Talstation sein.

Auch mit öffentlichen Verkehrsmitteln ist der Nationalpark erreichbar: Die Buslinie 342 fährt jeden Morgen einmal von Costa Adeje via Los Cristianos zum Parador-Hotel im Nationalpark, weiter zur Seilbahn und zum Besucherzentrum El Portillo; jeden Nachmittag geht es die gleiche Strecke zurück. Die Buslinie 348 fährt täglich einmal morgens von Puerto de la Cruz via La Orotava und Besucherzentrum El Portillo zur Seilbahn und zum Parador-Hotel; ebenfalls täglich geht es nachmittags zurück (www.titsa.com).

ADAC Wussten Sie schon?

Die Namen der zwei wichtigsten **Lava**-Arten erklären sich folgendermaßen: Pahoehoe-Lava ist dünnflüssig und bildet, wenn sie erstarrt, eine glatte oder faltige Oberfläche. Das Wort Pahoehoe kommt aus Hawaii und bezeichnet einen Untergrund, auf dem man gut barfuß laufen kann. AA-Lava ist dickflüssig und hat im erstarrten Zustand eine Oberfläche mit spitzen Zacken und scharfen Kanten. Eselsbrücke: Läuft man barfuß darauf, tut es weh – man ruft »A, A!« (Autsch!).

einmal aus dem Süden oder Westen. Erst dann erschließt sich die gesamte wundervolle Vielfalt – wobei Voraussetzung ist, dass man mal im Norden der Insel, mal im Süden übernachtet. Besonders eindrucksvoll sind auch Ausflüge bei Sonnenuntergang, wenn sich die Farben der Landschaften noch intensiver zeigen und Ruhe im Park einkehrt. Zur Vorbereitung individueller Touren ist das Besucherzentrum »Centro de Visitantes Telesforo Bravo« in La Orotava gut geeignet. Reichlich Informationen erhält man auch im »Centro de Visitantes El Portillo«, das dritte Besucherzentrum ist sehr klein.

Sehenswert

Mirador La Tarta

| Aussichtspunkt |

Wie eine kunstvoll geschichtete Torte erscheint hier die vielfarbige Abbruchkante, deshalb der Name: »Tarta« (»Torte«). Am Aussichtspunkt eröffnet sich ein schöner Weitblick auf den Gipfel des Teide; zudem sind die weißen Gebäude des Observatorio Astrofísico auf einer Bergkuppe zu erkennen. Oft sieht man hier auch das abrupte Ende des Wolkenmeeres, das sich über dem Orotava-Tal staut – jenseits der nördlichen Wolkenmassen und darüber herrscht meist wundervoller Sonnenschein. Ein bedeckter Himmel in Puerto de la Cruz und Umgebung muss also nicht bedeuten, dass der Tag ungeeignet ist für einen Teide-Ausflug.

■ Carretera TF 24, am Eingang zum Nationalpark

Observatorio Astrofísico del Teide

| Observatorium |

22 *Zu Gast bei Astrophysikern in einer bedeutenden Forschungsstation*

Die Kanarischen Inseln La Palma und Teneriffa zählen neben Hawaii und der Atacama-Wüste in Chile zu den international besten Standorten für die Erforschung des Weltalls. Auf 2390 m Höhe befindet sich auf dem Berg Izaña im Teide-Nationalpark eine 50 ha große astrophysische Station, die 1964 eröffnet wurde. Hier forschen 49 Universitäten und wissenschaftliche Institute aus 26 Ländern, sie nutzen dabei mehr als 60 Teleskope. Ein Schwerpunkt liegt auf der Sonnenbeobachtung, die drei hier installierten Sonnenteleskope bilden die wichtigste Anlage ihrer Art weltweit. Auf geführten Besichtigungen erhalten Erwachsene und Kinder interessante Einblicke in die Forschung, die Instrumente und das Weltall.

■ Eingang an der Straße TF 514, km 1; geführte Besichtigungen (90 Min., auch auf Deutsch) organisiert Volcano Teide Experience, Tel. 922 01 04 44, www.volcanoteide.com, 21 €, Kinder frei, Transfer optional buchbar, Website des astrophysischen Instituts: www.iac.es

Pico del Teide

| Berggipfel |

23 *Tausende Meter über dem Meer auf Spaniens höchstem Berg*

Nur 200 Personen dürfen täglich den 3718 m hohen Gipfel des Teide erklimmen, man benötigt dafür eine Genehmigung. Startpunkt der Wanderung ist entweder auf 2320 m Höhe, am Fuß der Montaña Blanca nahe der Talstation der Seilbahn (Wanderung Sendero PNT 07 Montaña Blanca–La Rambleta, www.tenerifeon.es, sehr anspruchsvoll) oder die Bergstation der Seilbahn auf 3555 m Höhe. Will man den Gipfel individuell besteigen, sollte man mindestens zwei bis drei Monate im Voraus online eine Genehmigung beantragen, organisiert mit Volcano Teide (www.volcanoteide.com) ist eine bedeutend kürzere Vorlaufzeit ausreichend.

Auch wer nur mit der Seilbahn hinauffährt und den Gipfel nicht besteigt, erlebt von diversen Aussichtspunkten wunderbare Blicke über Teneriffa und die Nachbarinseln. Während gen Süden oft freie Sicht herrscht, schaut man Richtung Norden nicht selten auf ein Wolkenmeer. Da es oben sehr kühl sein kann und zugleich die Sonne intensiv scheint: Denken Sie an warme Kleidung, Kopfbedeckung und Sonnenbrille sowie feste Schuhe! Aufgrund des extremen Höhenunterschiedes sollten Personen mit Herzproblemen auf die Seilbahnfahrt verzichten.

■ Genehmigung zur Wanderung auf den Gipfel: www.reservasparquesnacionales.es

Roques de García

| Landschaft |

Zahlreiche schmale, einzeln stehende Felsen ragen hier bis zu 30 m in die Höhe, und jeder hat eine die Fantasie anregende Form – etwa der »Dedo de Dios« (Gottesfinger). Ein Aussichtspunkt und ein kleiner Rundweg ermöglichen schöne Ansichten und viele Gelegenheiten für Erinnerungsfotos.

■ Carretera TF 21, gegenüber dem Parador-Hotel

Verkehrsmittel

Teleférico del Teide Lediglich acht Minuten dauert die Gondelfahrt von der Tal- zur Bergstation, von 2356 auf 3555 m über dem Meeresspiegel. Zwischen 11 und 15 Uhr ist es häufig sehr voll, Individualreisenden empfiehlt sich eine frühere oder spätere Fahrt. Dann hat man auch gute Chancen auf einen der 220 kostenlosen Parkplätze. Der maximale Aufenthalt zwischen Auf- und Abfahrt beträgt eine Stunde. Personen mit Herzproblemen, Schwangere und Kinder unter zwei Jahren dürfen die Seilbahn nicht benutzen. Tickets sind online erhältlich. Man kann nur feste Zeiten buchen und muss sich 20 Min. vor der Zeit an der Talstation einfinden. Der Aufenthalt im Bereich der Bergstation ist auf eine Stunde begrenzt. Wer eine Gipfelberechtigung hat, darf zwei Stunden überziehen. ■ Carretera TF 21, km 43, Tel. 922010440, www.volcanoteide.com, tgl. 9–17, im Sommer bis 18.30 Uhr, letzte Auffahrt jeweils eine Stunde vor Schließung, 40 €, Kinder von 3–13 Jahren 20 €

Restaurants

€ | La Bamby Auf den Tisch kommt eine rustikale Küche, günstiges Mittagsmenü. Große Panoramaterrasse mit perfektem Ausblick auf den Teide und Umgebung. ■ Carretera General Las Cañadas/TF 21, km 32,5 (nahe Besucherzentrum El Portillo), Tel. 922356014, tgl. 9–17 Uhr

Erlebnisse

Atardecer y Estrellas en el Teide (24) Dieser organisierte nächtliche Gruppenausflug startet mit der abendlichen Seilbahnfahrt. Oben auf dem Teide angekommen, folgt ein Spaziergang bei Sonnenuntergang. Nachdem die Sonne am Horizont verschwunden ist, geht es mit der Gondel wieder hinab. Unten gibt es ein feines Abendessen, danach erklärt ein Experte in der tiefen Finsternis der Lavalandschaft den leuchtend hellen Sternenhimmel; auch Teleskope stehen zur Verfügung. Gesamtdauer: etwa sechs Stunden. Auch in deutscher Sprache. ■ Veranstalter: Volcano Teide Experience, Tel. 922 01 04 44, www.volcanoteide.com, 156 € inkl. Transfer von der Küste, Kinder 136 €

Wandern

Siete Cañadas Eine der einfachsten und beliebtesten Routen im Nationalpark. Das Wort »cañadas« bezeichnet eigentlich Hirtenwege, in diesem Fall sind damit Hohlwege oder schlicht Pfade gemeint. Die Route führt an markanten Felsformationen, Lavafeldern und vielfarbigen Ebenen vorbei. Auch die Flora ist sehr sehenswert, besonders im Frühling und Frühsommer, wenn der für den Nationalpark typische Tajinaste (Wildprets Natternkopf, auch Teide-Natternkopf genannt) seine bis zu drei Meter hohen Blüten trägt. ■ Streckenwanderung, 16,6 km; Start- bzw. Endpunkt: Besucherzentrum El Portillo, Besucherzentrum Cañada Blanca; Höhenmeter: +585 m/-505 m (Nord-Süd-Richtung); Schwierigkeitsgrad: mittel; ausgeschildert als Wanderweg Nr. 4 (PNT 04, www.tenerifeon.es); An-/Abfahrt mit dem Bus: siehe ADAC Mobil, S. 163

39 Paisaje Lunar

(25) *Diese Kunstwerke der Natur bekommen nur Wanderer zu Gesicht*

Wind und Regen formten aus hellen Tuffsteinfelsen diese großartige bizarre »Mondlandschaft« (»paisaje lunar«): Wie riesige Skulpturen wirken die etwa 10 m hohen weißen Kegel. Sie sind von Pinienwald umgeben – ein unwirklich scheinender, faszinierender Anblick. Genießen darf man ihn nur von einem Aussichtsbalkon aus, der im Rahmen einer Wanderung zu erreichen ist. Der Abstieg zu den Felsen ist verboten.

Wandern

Die Wanderung zur Mondlandschaft Paisaje Lunar startet am Marktplatz in Vilaflor und ist als Route **PR-TF 72** beschildert. Die Strecke führt durch Pinienwald, an Terrassenfeldern entlang und bietet immer wieder schöne Ausblicke auf den Ort Vilaflor. Der größte Teil des Weges ist als Rundwanderung vorgesehen, geht man stattdessen denselben Weg zur Paisaje Lunar und wieder zurück, ist die Route ein wenig kürzer. Schwierigkeitsgrad: mittel, Länge: 13 km, Höhenmeter: +/- 850 m, Dauer: 4,5–6 Std. (PR TF 72 Vilaflor–Paisaje Lunar–Vilaflor, www.tenerifeon.es)

40 Vilaflor

Urlaubsort für Wanderfreunde und Durchgangsort für Ausflügler

Information

■ Dr. Perez Caceres 1, Tel. 922 70 98 02, www.vilaflordechasna.es, Mo–Sa 10–15, im Sommer Mo–Fr 7.30–14 Uhr

Die Hauptattraktion von Vilaflor ist seine Lage, es sind v.a. Wanderer und Ausflügler auf dem Weg zum Teide, die das Dorf besuchen. Es ist die höchstgelegene Siedlung der Insel (1500 m) und heißt offiziell Vilaflor de Chasna. Der Kiefernwald des Parque Natural Corona Forestal umgibt das Dorf, zugleich liegt es nahe dem südlichen Eingang zum Teide-Nationalpark. Einst war es ein beliebter Luftkurort, hier befand sich das erste Hotel im Inselsüden. In der Umgebung sprudeln Mineralwasserquellen, das Wasser kommt unter der Marke Fuentealta in Supermärkte und die Gastronomie.

Sehenswert

Plaza de San Pedro Apóstol

| Platz |

Am Hauptplatz stehen die Kirche San Pedro Apóstol aus dem 17. Jh. und die Kapelle Santuario del Santo Hermano Pedro, eine Pilgerstätte. Der in Vilaflor geborene Hermano Pedro (1626–1667) war Missionar und Ordensgründer in Guatemala. Der Bau der Kapelle an der Stelle seines Geburtshauses wurde im 18. Jh. begonnen, aber erst 2002 abgeschlossen – in jenem Jahr sprach Papst Johannes Paul II. ihn heilig. Einige Geschäfte an der Plaza verkaufen Kunsthandwerk, vor allem in Vilaflor gefertigte Stick- und Spitzenarbeiten.

In der Umgebung

El Pino Gordo

| Baum |

»Die dicke Pinie« hat einen Umfang von 9 m und wird auf 700–800 Jahre geschätzt. Gegenüber erhebt sich »El Pino de las dos Pernadas« – die 56 m hohe »zweibeinige Pinie« – bei der

Blühende Tajinaste (Wildprets Natternkopf); die Pflanze wird bis zu 3 m hoch

es sich eigentlich um zwei ineinander verwachsene Bäume handelt.

■ An der Landstraße TF 21, ca. 1,5 km nördl. von Vilaflor

Parque Natural Corona Forestal

| Naturschutzgebiet |

Der »Naturpark Waldkrone« umgibt den Teide-Nationalpark. Die Vegetation besteht vorwiegend aus Kanarischer Kiefer (Pino canario), die wegen ihrer dicken Rinde und ihrem Harz Waldbrände gut überstehen kann. An den Straßen, die durch das knapp 47 ha große Naturschutzgebiet führen, gibt es viele Rast- und Grillplätze, z.B. an der TF 21 nördlich und an der Straße TF 563 südlich von Vilaflor. Nahe Vilaflor führen mehrere beschilderte Wanderwege durch das Gebiet.

Übernachten

Sehr wenige Gäste übernachten im inneren Zentrum Teneriffas, und die Auswahl an Unterkünften ist nicht besonders groß. Es gibt nur einige Häuser in Vilaflor sowie eine Berghütte und ein Parador-Hotel im Nationalpark. Schon in Vilaflor hat man das Gefühl, Welten von der Südküste entfernt zu sein, dabei sind es nur 25 km nach Los Cristianos. Vor allem Wanderer entscheiden sich für einige Übernachtungen im Zentrum. Ins Reisegepäck gehört dann auch warme Kleidung, die Temperaturen liegen zehn und mehr Grad unter denen am der Küste.

Teide-Nationalpark 162

€ | Refugio de Altavista Berghütte auf 3260 m Höhe, mit der Seilbahn und anschließender Wanderung (1 Std.) oder auf dem schwierigen Wanderweg Nr. 7 ab Montaña Blanca (S. 165) erreichbar. Viele der Gäste kommen, um den Sonnenaufgang auf dem Teide-Gipfel zu erleben. Reservierung obligatorisch (bei Redaktionsschluss nicht in Betrieb, Wiedereröffnung noch nicht absehbar). ■ Tel. 922 010440, www.volcanoteide.com

Vilaflor 166

€€ | Hotel Spa Villalba Sehr einsam, etwas außerhalb des Ortes gelegen, am Rande des Pinienwaldes der Corona Forestal. Zimmer und öffentliche Räume im Landhausstil. Hoher Komfort (4 Sterne), Restaurant, Spa/Wellnessbereich mit Saunen, Sanarium, Whirlpool, Kieselsteinpfad, Wellness- und Ayurveda-Massagen. Nur für Erwachsene und Jugendliche ab 14 Jahren. ■ Camino San Roque, Tel. 922 709930, www.hotelvillalba.com/de

ADAC Das besondere Hotel

Die **»Paradores«** sind eine spanische Kette mit Hotels fast ausschließlich in historischen Gebäuden. Dieser Parador, erbaut im Stil eines Gutshauses, kombiniert mit Elementen einer Berghütte, liegt mitten im Nationalpark. Die Zimmer sind einfach, der Service ist gut – und das Erlebnis einmalig: die tief dunkle Nacht und die Farben des Sonnenaufgangs erleben, ein Traum!

€€€ | Parador de las Cañadas del Teide, Las Cañadas del Teide, Tel. 922386415, www.parador.es

ADAC Service Teneriffa

Beim **ADAC Info-Service**, in den **ADAC Geschäftsstellen** sowie auf dem **Internetportal des ADAC** (adac.de) erhalten Sie Informationen zu den Dienstleistungen des Automobilclubs und zu Ihrem Reiseziel. So können Sie sich von der **ADAC Trips App** (adac.de/services/apps/trips) via Smartphone oder Tablet-PC inspirieren lassen oder als **ADAC Mitglied** das kostenlose **ADAC Tourset® Teneriffa** (adac.de/reise-freizeit/reiseplanung/tourset) mit vielen Reiseinfos und Karten anfordern. Bei Pannen und Notfällen steht Ihnen unser Team rund um die Uhr telefonisch und digital (adac.de/hilfe und ADAC Pannenhilfe App) zur Verfügung.

ADAC Info-Service

T 089 558 95 96 97
Infos zu allen ADAC Leistungen
(Mo–Sa 8–20 Uhr)

ADAC Pannenhilfe Deutschland

T 089 20 20 40 00, Mobil 22 22 22
(Verbindungskosten je nach Netzbetreiber/Provider)

ADAC Ambulanz-Service

T +49 89 76 76 76, adac.de/ambulanzonline
(Erkrankung, Unfall, Verletzung, Transportfragen, Todesfall)

ADAC Pannenhilfe Ausland

T +49 89 22 22 22
(Verbindungskosten je nach Netzbetreiber/Provider)

Online-Angebote des ADAC für Ihre Reiseplanung

Service	Webadresse
Reiseinspirationen, -planung und -hinweise	adac.de/reise-freizeit/reiseplanung
Aktuelle Verkehrslage	adac.de/verkehr
Individuelle Routenplanung	adac.de/maps
Infos zu Tankstellen und Spritpreisen	adac.de/tanken
Infos zu mautpflichtigen Strecken	adac.de/reise-freizeit/maut-vignette
Infos zu Fährverbindungen	adac.de/faehren
Aktuelle Infos vor Reiseantritt	adac.de/tourmail
Informationen für Camper	adac.de/camping
Informationen für Motorrad- und Oldtimerfahrer	adac.de/reise-freizeit/reisen-motorrad-oldtimer
Informationen für Segler und Skipper	skipper.adac.de
ADAC Reiseangebote	adacreisen.de
ADAC Autovermietung	adac.de/autovermietung
ADAC Versicherungen für den Urlaub	adac.de/versicherungen
Weltweite Preisvorteile für ADAC Mitglieder	adac.de/vorteile-international
Telemedizinische Beratung	adac.de/meinmedical

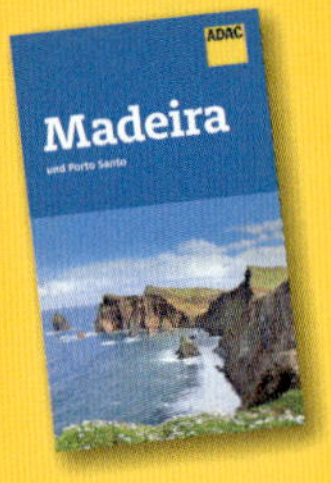

Diese **Produkte des ADAC** könnten Sie interessieren: **ADAC Reiseführer Gran Canaria**, **ADAC Reiseführer Lanzarote** und **ADAC Reiseführer Madeira** – erhältlich im Buchhandel, bei den ADAC Geschäftsstellen und in unserem ADAC Online-Shop (adac.de/shop).

Anreise und Einreise

Flugzeug

Teneriffa verfügt über zwei Flughäfen: **Teneriffa-Nord** (Aeropuerto Los Rodeos) bei La Laguna, 10 km von Santa Cruz de Tenerife und 80 km von Los Cristianos entfernt, und **Teneriffa-Süd** (Aeropuerto Reina Sofía) bei El Médano, 63 km von Santa Cruz und 18 km von Los Cristianos entfernt. Der Flughafen im Norden wird vor allem für Flüge zur Iberischen Halbinsel sowie für innerkanarische Flüge genutzt. Fast alle internationalen Flüge werden am Airport im Süden abgewickelt. 2022 ist ein neues Terminal eröffnet worden. Das Terminal 2 erhöhte die Abfertigungskapazität um 20 %. Die Sicherheitskontrollen wurden schneller, übersichtlicher, moderner und sicherer.
Eine Fluganbindung zwischen Teneriffa und anderen Kanarischen Inseln haben die Gesellschaften Binter sowie Canary Fly (www.bintercanarias.com, www.canaryfly.es) im Programm.

Fähre

Ab/bis Santa Cruz verkehren Personen- und Autofähren nach/vom spanischen Festland sowie den Kanarischen Inseln Gran Canaria, Fuerteventura, Lanzarote und La Palma. Ab/bis Los Cristianos fahren Fähren nach/von den Kanareninseln La Gomera, El Hierro und La Palma. Die Fähren der Gesellschaft **Fred Olsen** verbinden Teneriffa mit allen anderen Kanarischen Inseln außer El Hierro. Tel. 902 10 01 07, www.fredolsen.es.
Die Schiffe von **Naviera Armas** (auch Schiffe der Trasmediterranea, seit 2018 integeriert) fahren zwischen Teneriffa und allen Kanarischen Inseln sowie Cádiz und Huelva in Südspanien. Tel. 902 45 65 00, www.navieraarmas.com.

Einreise und Dokumente

Für Bürger der EU-Staaten und für Bürger der Staaten des Schengen-Raumes (z. B. Schweiz) genügt ein gültiger **Personalausweis** oder **Reisepass**.

Auto und Straßenverkehr

Straßennetz und Sicherheit

Autofahren ist auf Teneriffa problemlos möglich: Die Straßen sind in sehr gutem Zustand, das gilt auch für entlegene Gegenden und die Strecken im Teide-Nationalpark. Die Einheimischen sind daran gewöhnt, dass Touristen manchmal etwas unsicher fahren. In der Regel nehmen sie darauf Rücksicht. Allgemein ist das Fahrverhalten angenehm und eine Autofahrt nicht riskanter als zu Hause. Da es auf Teneriffa enorme Höhenunterschiede und starke Steigungen gibt, sollte man einen Mietwagen mit ausreichend PS wählen. Alle Straßen sind mautfrei.

Führerschein

Für EU-Bürger reicht der **nationale Führerschein**. Viele andere brauchen einen internationalen Führerschein – spezielle Regelungen bitte beim spanischen Konsulat/Botschaft erfragen.

Tempolimits auf Teneriffa

Straße	Tempolimit
Autobahn	max. 120 km/h
Landstraße	max. 90 km/h
Ortschaft	max. 50 km/h, 30 km/h bei nur einer Spur pro Richtung, 20 km/h auf einspurigen Straßen, ohne erkennbare Trennung zwischen Fahrbahn und Fußweg.

Verkehrsvorschriften

Telefonieren ohne Freisprechanlage ist verboten. Die Promillegrenze beträgt 0,5. Überholen ist nur links erlaubt. Für Mofa- und Motorradfahrer gilt Helmpflicht. Ein Verstoß gegen Regeln kann sehr viel teurer als zu Hause werden.

Tanken

Das Tankstellennetz ist dicht, die Benzinpreise sind deutlich geringer als z. B. in Deutschland oder Festlandspanien. An den Zapfsäulen arbeiten Tankwarte, Kunden tanken also nicht selbst.

Parken

Siehe S. 177

Unfall

Nach einem Unfall sollten Sie sofort anhalten, die Unfallstelle absichern und gegebenenfalls Erste Hilfe leisten. Kommen Mietwagen oder andere beteiligte Fahrzeuge und/oder Personen zu Schaden, müssen Sie die **Polizei** verständigen (Notruf: 112) und den Vermieter informieren. Notieren Sie dabei Kennzeichen, Namen und Anschriften von Fahrern und Haltern der beteiligten Fahrzeuge sowie deren Haftpflichtversicherung und Versicherungsnummer. Außerdem sollten Sie Namen von (möglichst neutralen) Unfallzeugen festhalten und die Unfallstelle fotografieren. Unterzeichnen Sie keine fremdsprachigen Schriftstücke, deren Inhalt nicht verständlich ist.

Barrierefreies Reisen

Viele **Strände** sind für Rollstuhlfahrer barrierefrei, vor allem in Los Cristianos, Playa de las Américas und Costa Adeje, aber auch in San Andrés, Playa de San Juan und andernorts. Es gibt dort Rampen und spezielle Strandwege, Behinderten-WCs und -Duschen, teilweise auch Verleih von Amphibienrollstühlen und schwimmenden Gehstützen. Komplett barrierefrei ist die Uferpromenade im Süden. Zudem sind überall auf der Insel viele Touristenbüros, Museen und andere Einrichtungen barrierefrei oder -arm. Es gibt für Rollstühle geeignete Wanderwege und Aussichtspunkte. Aus diesen Gründen ist Teneriffa u. a. auch bei Sportlern mit Handicap beliebt. Gute Infos gibt es bei der Confederación Española de Personas con Discapacidad física y orgánica (www.cocemfe.es). Weitere Infos erteilt auch Sinpromi, die Insel-Gesellschaft zur Förderung von körperbehinderten Personen, Tel. 922 24 91 99, www.tenerife-accesible.org (auch auf Deutsch).

Diplomatische Vertretungen

Die Auslandsvertretungen Ihres Heimatlandes helfen Ihnen, wenn Sie Reisedokumente verloren oder Probleme mit spanischen Behörden haben sollten.

Deutsche Botschaft Madrid

■ Calle de Fortuny 8, 28010 Madrid, Spanien, Tel. 915 57 90 00, www.spanien.diplo.de, Termin nur nach Vereinbarung

Deutsches Konsulat auf Gran Canaria (zuständig auch für Teneriffa):

■ Calle Albareda, 3-2°, 35007 Las Palmas de Gran Canaria, Tel. 928 49 18 80, www.spanien.diplo.de, Mo–Do 8–16, Fr bis 13.30 Uhr

Österreichischer Honorarkonsul auf Teneriffa

■ Boris Gunnar Klemmer, Calle Pérez Zamora 9, 2°, Puerto de la Cruz, Tel. 922 37

63 64, www.bmeia.gv.at/oeb-madrid, Di 10–13, Do 15–18 Uhr

Schweizer Konsulat auf Gran Canaria (Las Palmas)

■ Urbanización Bahía Feliz, Edificio de Oficinas, Local 1, Playa de Tarajillo, Tel. 928 15 79 79, www.eda.admin.ch/madrid

Feiertage

1. Januar (Neujahr), 6. Januar (Heilige Drei Könige, Epifania del Señor), 2. Februar (Tag der Maria von Candelaria, Festividad de la Virgen de Candelaria), Gründonnerstag, Karfreitag, 1. Mai (Tag der Arbeit, Día del Trabajo), 30. Mai (Feiertag der Kanarischen Inseln, Día de Canarias), 15. August (Mariä Himmelfahrt, Asunción de la Virgen), 12. Oktober (spanischer Nationalfeiertag, Fiesta Nacional de España), 1. November (Allerheiligen, Todos los Santos), 6. Dezember (Tag der spanischen Verfassung, Día de la Constitución), 8. Dezember (Fest der Unbefleckten Empfängnis, Inmaculada Concepción), 25. Dezember (Weihnachtsfeiertag, Navidad).
Hinzu kommen lokale Feiertage wie beispielsweise der Faschingsdienstag und der 3. Mai, der Día de la Cruz in Santa Cruz de Tenerife.
In der Karwoche (Semana Santa) und in der Osterwoche machen viele Tinerfeños Urlaub, dann schließen auch zahlreiche Geschäfte.

Geld und Währung

Die Dichte an **Geldautomaten** (»cajero automático«) ist sehr groß, sodass man mit EC- oder Kreditkarte jederzeit an Bargeld kommt. Fast alle Geschäfte, viele Restaurants und andere Dienstleister akzeptieren die Zahlung mit **Kreditkarte**. Banken braucht man also eigentlich nicht – falls doch einmal: Sie sind nur vormittags geöffnet (Mo–Fr ca. 9–14 Uhr). Es gilt der Euro.
Generell ist Teneriffa ein preiswertes Reiseziel, was auch damit zusammenhängt, dass auf der Insel keine normale Mehrwertsteuer erhoben wird, sondern nur eine allgemeine Abgabe in Höhe von 7 %. Auch entfallen Sondersteuern, etwa auf alkoholische Getränke oder Tabakwaren. Das Preisniveau der Hotellerie und Gastronomie variiert stark zwischen Touristenzentren und Gebieten, in denen der Tourismus eine kleinere Rolle spielt. Ein Abendessen z. B. kann in den Badeorten im Süden deutlich teurer sein als in der Hauptstadt, bei gleicher Qualität.

Kosten im Urlaub
(durchschnittliches Preisniveau)

Café solo (Espresso)	1,20 €
Café con leche	1,50 €
Kleines Bier	2 €
Glas Wein	3 €
Belegtes Brötchen (im Café)	2,50 €
Hauptgericht (im Restaurant)	12–15 €
Stange Weißbrot	1 €
Mietwagen/Tag	30 €
1 Liter Benzin	1,10 €

Im Innenteil des Reiseführers finden Sie ADAC Spartipps für Ihren Teneriffa-Urlaub.

Gesundheit

Staatsbürger von Ländern der EU, die gesetzlich versichert sind, können mit einer **Europäischen Versicherungs-**

karte die öffentlichen Gesundheitseinrichtungen auf Teneriffa kostenlos nutzen. Jedoch entspricht die medizinische Versorgung nicht immer der von zu Hause gewohnten Qualität, auch spricht das Personal in vielen Fällen kein Deutsch oder Englisch.

Die meisten Zahnbehandlungen sowie eventuelle Rücktransporte sind nicht durch die gesetzlichen Versicherungen gedeckt. Deshalb empfiehlt es sich dringend, eine **private Reisekrankenversicherung** abzuschließen. Wer regelmäßig unterwegs ist, wählt am besten eine Jahresversicherung, so sind für einen geringen Betrag alle Risiken abgesichert.

Auf Teneriffa arbeiten viele internationale, auch deutsche Allgemein- und Fachärzte. Wer deren Dienstleistungen in Anspruch nimmt, muss zunächst selbst zahlen, kann sich den Betrag aber dann von seiner privaten Versicherung erstatten lassen.

Haustiere

Das Reisen mit Haustieren ist EU-weit geregelt. Wer nach Spanien mit einem Hund oder einer Katze einreisen möchte, benötigt einen gültigen **EU-Heimtierausweis**, der von autorisierten Tierärzten ausgestellt wird. Darin müssen die Kennzeichnung des Tieres (Mikrochip oder Tätowierung) sowie eine gültige Impfung gegen **Tollwut** (Erstimpfung mindestens 21 Tage vor Einreise, aber nicht älter als zwölf Monate) eingetragen sein.

Beachten Sie, dass Sie Ihren Hund auf Teneriffa nicht einfach an jeden beliebigen Strand mitnehmen können. An vielen Stränden herrscht ein strenges Hundeverbot. Verstöße gegen diese Bestimmungen können teuer werden.

Information

Der tinerfenische Tourismusverband, die **Tenerife Tourism Corporation**, betreibt die sehr informative Website www.webtenerife.com (auch in deutscher Sprache) und beantwortet schriftliche Anfragen (via Online-Formular). Die Kontaktdaten der lokalen Touristeninformationsbüros finden Sie im Innenteil dieses Reiseführers (Oficina de información turística, OIT).

In Deutschland, Österreich und der Schweiz stehen die Vertretungen des spanischen Fremdenverkehrsamtes bei Fragen zur Verfügung.

Turespaña (Fremdenverkehrsamt)

- www.spain.info
- Lichtensteinallee 1, 10787 Berlin, Tel. 030/8826543, berlin@tourspain.es, Besuchszeiten Mo–Fr 10–14 Uhr
- Reuterweg 51–53, 60323 Frankfurt/Main, Tel. 069/725033, frankfurt@tourspain.es, Besuchszeiten Mo–Fr 10–14 Uhr
- Postfach 151940, 80051 München, Tel. 089/53074611, munich@tourspain.es, kein Publikumsverkehr, telefonische Auskunft Mo–Fr 9–13 Uhr
- Walfischgasse 8/14, 1010 Wien, Tel. 01/5129580 10, viena@tourspain.es, kein Publikumsverkehr
- Seefeldstr. 19/1. Stock, 8008 Zürich, Tel. 044/2536050, zurich@tourspain.es, Besuchszeiten Mo–Fr 9–17 Uhr

Klima und beste Reisezeit

Teneriffa hat ganzjährig angenehme Temperaturen. Aufgrund der Passatwinde, der Meeresströmungen und der Geografie hat die Insel **verschiedene Klimazonen**. Im Süden scheint meist die Sonne, es regnet fast nie, deshalb ist die Region bei Badeurlaubern so be-

Klimatabelle Teneriffa Süd (Aeropuerto Reina Sofía)

Monat	Luft (°C) min/max	Sonne (h/Tag)	Regentage
Jan.	15/22	7	2
Feb.	15/22	7	2
März	16/23	8	2
April	16/23	8	1
Mai	17/24	8	0
Juni	19/25	9	0
Juli	20/28	10	0
Aug.	21/28	10	0
Sept.	21/28	8	1
Okt.	20/27	7	2
Nov.	18/25	7	2
Dez.	17/23	6	4

Klimatabelle Teneriffa Nord (Aeropuerto Los Rodeos)

Monat	Luft (°C) min/max	Sonne (h/Tag)	Regentage
Jan.	10/16	5	8
Feb.	10/17	5	7
März	11/18	6	7
April	11/19	7	6
Mai	12/20	7	4
Juni	14/22	7	3
Juli	16/25	8	2
Aug.	17/26	9	1
Sept.	17/25	7	3
Okt.	15/23	6	7
Nov.	13/20	5	8
Dez.	12/17	4	9

liebt. Im Norden ist der Himmel oft bedeckt, es regnet nicht selten, insbesondere rund um Puerto de la Cruz. Entsprechend grün ist die Landschaft, generell bevorzugen Wanderer einen Aufenthalt im Norden der Insel

In Lagen ab 500 m über dem Meeresspiegel nehmen die Temperaturen merklich ab. Der Gipfel des Teide ist oft schneebedeckt, im Winter kann es auch am Fuße des Teide schneien.

Temperaturunterschiede von 20 Grad und mehr zwischen Küste und Gebirge sind möglich. Während in Höhenlagen die Nächte deutlich kälter sind als die Tage, unterscheiden sich Tages- und Nachttemperaturen am Meer kaum.

Hochsaison herrscht fast das ganze Jahr über: Die beliebteste Reisezeit der Nord- und Mitteleuropäer ist von Oktober bis Ostern, Festlandspanier kommen eher in den Sommermonaten, auch die Tinerfeños machen im Sommer gern Urlaub auf ihrer Insel.

Trotz der milden Temperaturen brennt die Sonne intensiv – Teneriffa liegt auf demselben Breitengrad wie Saudi-Arabien. Deshalb ist es wichtig, die Haut vor Verbrennungen zu schützen, in den Bergen und auf dem Meer sind zudem Kopfbedeckungen nötig.

Eine ganz spezielle Wetterlage ist die **»calima«**: Ostwinde bringen dann heiße Luft und Wüstenstaub aus der Sahara. Das kommt besonders häufig im Sommer vor, die Luft wird dann heiß und drückend. Die »calima« hält meist nur wenige Tage an, manchmal aber auch wochenlang.

Nachtleben

Viele Tinerfeños gehen spät abends – vor allem am Wochenende – mit der ganzen Familie spazieren oder treffen sich mit Freunden in Straßencafés. Auf den Straßen und Plätzen von **Santa Cruz**, **La Laguna** und **Puerto de la**

Festivals und Events

Januar
Día de los Reyes (Heilige Drei Könige) – Der Tag, an dem die Kinder Weihnachtsgeschenke erhalten. Straßenumzüge in den Städten.

Januar/Februar
Festival de Música de Canarias – Klassische Konzerte internationaler Orchester, Ensembles und Solisten in Santa Cruz, hochkarätige Programme (www.festivaldecanarias.com).

Februar
Carnaval (Karneval) – Santa Cruz de Tenerife feiert den Karneval fast so groß, fröhlich und rhythmisch wie Rio de Janeiro, die ganze Stadt verkleidet sich und tanzt. Erster Umzug am Freitag vor Rosenmontag. Wichtigster Tag: Dienstag. Schlussumzug: Aschermittwoch. Puerto de la Cruz, Los Cristianos und andere Orte feiern den Karneval im Anschluss.

März/April
Semana Santa (Karwoche) – Büßerprozessionen in allen Städten. Die wichtigste am Karfreitag in La Laguna. Viele machen in der Woche Urlaub, oft sind Geschäfte geschlossen.

Mai/Juni
Corpus Cristi (Fronleichnam) – Kunstvolle Teppiche aus Blumen und Vulkansand zieren die Straßen und Plätze von La Orotava. Der Termin liegt jeweils eine Woche nach dem eigentlichen Fronleichnam, die Festlichkeiten dauern mehrere Tage. Eines der wichtigsten Feste Spaniens.

Juni
Fiesta de San Juan (Johannistag) – Mittsommerfest mit großen Feuern an vielen Stränden. Sehr schöne Feierlichkeiten z. B. in Puerto de la Cruz, San Andrés, Los Cristianos, El Médano und Punta del Hidalgo (Bajamar).

Juli
Fiestas del Carmen – An verschiedenen Tagen feiern Städte und Dörfer Feste zu Ehren der María del Carmen, der Schutzheiligen der Fischer und Seeleute. Mit Bootsprozessionen.

August
Fiesta de la Virgen de Candelaria (14./15. August) – Festlichkeiten zu Ehren der Schutzpatronin der Kanarischen Inseln, das wichtigste religiöse Fest auf Teneriffa. Prozessionen, Messen und Volksfest in Candelaria.

Windsurf World Cup – Eine ganze Woche werden in El Médano Wettbewerbe veranstaltet.

Dezember
Navidad (Weihnachten) – Die wichtigsten Messen finden abends bzw. nachts am 24. Dezember statt. Feiertag ist auch der 25. Dezember.

Cruz geht es dann teils sehr lebhaft zu. Aber auch in kleineren Orten trifft man sich abends auf Plätzen und Caféterrassen, etwa in Garachico, Adeje oder Puerto de Güímar. Diskotheken besuchen nur sehr junge Tinerfeños.

In den Touristenzentren ist die Auswahl an Bars groß. In Orten mit überwiegend britischen Gästen, wie z. B. **Puerto de Santiago**, gibt es auch Pubs und Livemusik. Viele größere Hotels haben Diskotheken, öffentliche Discos gibt es im Süden kaum.

Tipps und Ausgehadressen finden Sie im Hauptteil des Buches.

Notfall

Wählen Sie in Notfällen immer die gebührenfreie **europäische Notrufnummer 112** (unter dieser Nummer erhalten Sie Hilfe von der Polizei, Feuerwehr, einem Rettungswagen oder Notarzt). In vielen Fällen wird in der Rettungsleitstelle auch Deutsch gesprochen.

ADAC Mitglieder können sich in Notfällen rund um die Uhr an den **ADAC Auslandsnotruf** wenden, bei Unfall: Tel. 0049/89/22 22 22, bei Erkrankung/ Verletzung: Tel. 0049/89/76 76 76. Bei Bedarf werden Dolmetscher vermittelt.

Öffnungszeiten

Auf den Kanarischen Inseln macht man traditionell eine **Siesta**, eine lange Mittagspause. In der Hauptstadt, in kleinen Dörfern und in anderen wenig touristischen Gebieten öffnen die **Geschäfte** Mo–Fr ca. 9.30–13 und 16.30–20 Uhr, am Samstagnachmittag und sonntags bleiben die Türen geschlossen. Große Supermärkte und Einkaufszentren öffnen sieben Tage die Woche von ca. 9 bis 22 Uhr. In den Touristenzentren sind fast alle Geschäfte täglich von früh bis spät geöffnet.

Restaurants servieren das Mittagessen zwischen 14 und 16 Uhr, das Abendessen von ca. 20 bis 23 Uhr, in manchen ländlichen Gegenden wie Garachico isst man früher zu Abend. In Urlaubsorten sind die Mittags- und Abendessenszeiten entweder erweitert (ca. 12–16 und ca. 19–23 Uhr) oder die Küchen bleiben von mittags bis nachts durchgehend geöffnet.

Öffnungszeiten von **Banken** und **Post** siehe Einträge Geld (S. 173) und Post (S. 178). Öffnungszeiten von **Kirchen** hängen insbesondere in kleinen Gemeinden manchmal von einzelnen Personen ab, die sich ehrenamtlich um Öffnung, Schließung und Beaufsichtigung der Kirchen kümmern. Die in diesem Reiseführer angegebenen Öffnungszeiten von Kirchen sind deshalb nur als Anhaltspunkte zu verstehen.

Parken

In größeren Städten und in sehr kleinen Dörfern kann es schwierig werden, einen kostenfreien Parkplatz zu finden. Öffentliche **Parkhäuser** sind dafür recht preiswert. Kostenfreie Parkplätze an der Straße sind weiß markiert. Gelbe Linien bedeuten: Parkverbot, blaue Linien: eingeschränkte Parkerlaubnis (meist gebührenpflichtig zu bestimmten Uhrzeiten, Bezahlung am Parkscheinautomaten).

Da in Mietwagen in vielen Fällen keine Parkscheiben im Handschuhfach liegen, empfiehlt es sich, eine Parkscheibe von zu Hause mitzunehmen.

Im Innenteil des Reiseführers finden Sie zahlreiche Tipps zum Parken in allen Orten, in denen Parkplätze an den Straßen rar sind.

Post

Postämter (»correos«) gibt es in allen größeren Orten, Briefmarken (»sellos«) sind auch überall dort erhältlich, wo es Postkarten gibt, also am Kiosk und in den Tabakläden. Das Porto für einen Standardbrief oder eine Standardpostkarte ins europäische Ausland beträgt 1,65 €. Postämter haben nur vormittags geöffnet (9–13 Uhr). Die **Briefkästen** der staatlichen Post sind gelb und tragen die Aufschrift »correos«.

Rauchen und Alkohol

Das Rauchen ist in öffentlichen Gebäuden sowie in Restaurants, Bars, Cafés und auf Kinderspielplätzen verboten. Ein nationales Gesetz erlaubt den Gemeinden seit Ende 2021, das Rauchen an den Stränden zu verbieten und Verstöße dagegen mit Bußgeld zu ahnden. Nicht an jedem Strand gelten also die gleichen Regeln. Da nur geringe Steuern erhoben werden, sind Alkohol und Zigaretten relativ preiswert. Eine Stange (200 Zigaretten) kostet im Durchschnitt etwa 30 €. Der Verkauf und die Abgabe von Tabak oder Alkohol an Minderjährige ist verboten. Jugendliche dürfen keinen Alkohol konsumieren.

Sicherheit

Teneriffa ist ein sicheres Reiseziel. Doch mit steigenden Besucherzahlen steigt auch die Kleinkriminalität. Taschendiebe und Trickbetrüger agieren oft zu zweit oder zu dritt in Menschenansammlungen. Vor allem an Busstationen und auf Märkten besser nicht viel Bargeld oder andere Wertsachen mit sich tragen, Geld, Kreditkarten und wichtige Dokumente im Hotelsafe verschließen. Dokumente, die man bei sich trägt (z. B. Führerschein, Personalausweis) am besten fotokopieren oder fotografieren. In Fahrzeugen keine Gegenstände sichtbar liegen lassen. Bei längerer Abwesenheit vom Auto das leere Handschuhfach geöffnet lassen.

Souvenirs

Traditionelles tinerfenisches **Kunsthandwerk** wird nur noch sehr wenig produziert, und vieles, was als solches angeboten wird, stammt in Wirklichkeit aus Billiglohnländern. Das Unternehmen **Artenerife** fördert Kunsthandwerker auf der Insel und verkauft ihre Waren in mehreren Geschäften, verteilt über die ganze Insel (Adressen in diesem Buch bei den jeweiligen Orten). Auch in der Casa de las Balcones in La Orotava bekommt man garantiert tinerfenische Ware.

Sehr typisch für Teneriffa sind Stickarbeiten und Hohlsaumstickerei (Tischdecken, Servietten oder Zierdeckchen), Korbflechterei und rustikale Keramik. Aber auch junge, modische und kreative Kunsthandwerker sind auf der Insel tätig, darunter Goldschmiede, Glasbläser und Handwerker, die mit Filz arbeiten, T-Shirts bedrucken oder Taschen aus alten Planen herstellen.

In den **Shops der staatlichen Museen** wie dem Museo de la Naturaleza y el Hombre (Santa Cruz) oder der Casa de Carta (Valle de Guerra) erhält man kunstvolle Reproduktionen von Objekten der Ureinwohner, etwa kleine getöpferte Idole (Kultstatuetten).

Viele Urlauber nehmen gern **Feinkost** mit nach Hause, etwa Mojo-Soßen im Glas (Kräuter- und Paprikasoßen, die man zu Kartoffeln, Fisch und Fleisch isst) oder süße Gelees aus Bananen,

Kaktusfeigen, Mangos und Papayas. Gofio, das Mehl der Guanchen, kann man in vielen Supermärkten kaufen. Natürlich sind auch die Weine der Insel oder Liköre aus Palmensaft oder Bananen sehr gut als Mitbringsel geeignet.

Die heilende und pflegende Wirkung der **Aloe Vera** ist schon lange bekannt, gerade in den letzten Jahren aber sind Aloe-Vera-Produkte besonders populär geworden. Der Saft der Pflanze wirkt entzündungshemmend, antibakteriell und schmerzstillend, er lindert Verbrennungen (wie auch Sonnenbrand), Hautreizungen nach Insektenstichen, und er versorgt trockene Haut mit Feuchtigkeit. Tinerfenischer Aloe-Vera-Saft wird pur verkauft oder als Inhaltsstoff von Lotionen, Cremes und Seifen. Aber Vorsicht: Manche Creme »aus Pflanzen dieser Insel« ist in Wahrheit in China hergestellt.

Sport

Gleitschirmfliegen

Teneriffa gilt als hervorragendes Fluggebiet und hat diverse Abflugplätze. Kurse und Tandemflüge bietet **Overfly**, Tel. 648 22 85 18, overflytenerife.com.

Golf

Die Insel hat acht Golfplätze – verwunderlich, wenn man bedenkt, wie trocken der Inselsüden ist (wo sich sechs Plätze befinden); verständlich angesichts des Umstands, dass es die Briten waren, die Teneriffa als Urlaubsinsel entdeckten. So oder so: Der Golfsport spielt eine große Rolle auf Teneriffa. Eine Info-Broschüre ist bei den Touristeninformationsbüros erhältlich – oder als Download unter www.webtenerife.com. Zu den acht Plätzen kommen zwei hinzu, wenn man den Kurzspielplatz »La Rosaleda« bei Puerto de La Cruz mitzählt sowie den 18-Loch-Platz auf La Gomera (auf dem man im Rahmen eines Tagesausflugs eine Runde spielen kann).

Mountainbiking

Der Sport ist auf Teneriffa noch nicht sehr verbreitet, aber im Kommen. Es existieren fünf offizielle Mountainbike-Routen (www.webtenerife.com) sowie mehrere Agenturen, die Mountainbikes verleihen und geführte Touren veranstalten, darunter **Bike Point Tenerife**, Tel. 922 17 62 73 (El Médano) oder 922 79 67 10 (Playa de las Américas), www.bikepointtenerife.com.

Stand Up Paddling (SUP) und Kajakfahren

Beide Sportarten sind derzeit im Aufwind. Stand-Up-Paddling-Kurse und Equiment erhält man bei den meisten Surfschulen sowie bei **Anaga Experience**, die SUP auch im Rahmen von Tagesausflügen anbietet, Tel. 690 36 90 89, www.anagaexperience.com. Der Veranstalter **Teno Activo** hat neben SUP diverse Kajaktouren im Programm, u.a. eine Tour, die an der Schlucht von Masca startet und nach Los Gigantes führt, sodass man Wandern mit Kajakfahren kombinieren kann, Tel. 922 07 05 34, www.tenoactivo.com.

Surfen

Für Wellenreiten und Windsurfen gibt es viele Spots. **El Médano** ist international schon seit Langem sehr angesagt, aber nicht für Anfänger geeignet. **Playa de las Américas** bietet gute Konditionen für Wellenreiten und Bodyboarding. Schulen und Verleihstationen sind zahlreich, Beispiele in diesem Buch bei den Ortsbeschreibungen.

Im Osten, rund um das Anaga-Gebirge, finden sich ebenfalls gute Spots für das Wellenreiten, dort muss man sein Board aber selbst mitbringen. Überall, wo man Wellenreiten kann, sind auch Kitesurfer aktiv. Eine Wassersport-Karte mit vielen Informationen und Adressen erhält man bei den Touristeninformationsbüros und als Download unter www.webtenerife.com.

Tauchen

Es gibt zahlreiche Tauchbasen, v.a. im Süden und Westen. Rund um die Insel finden sich vielfältige Unterwasserlandschaften und eine erstaunlich reiche Fauna. Da teilweise recht starke Strömungen herrschen, sollte man nur mit erfahrenen Guides tauchen. Zahlreiche Tauchzentren haben ausschließlich Landtauchgänge im Programm, das heißt, man muss sein Equipment an den Strand schleppen und hinausschwimmen, bevor man abtauchen kann. Eine gute deutsche Tauchschule, die Bootstauchgänge anbietet, ist **Pama Diving**, Tel. 671304558, www.pamadiving-teneriffa.com. Weitere Tauchschulen nennt die Wassersportkarte der Touristeninformation.

Wandern

Das Netz der Wanderwege ist mehr als 1000 km lang und umfasst leichte bis sehr anspruchsvolle Routen. Offizielle, befestigte und beschilderte Wege sind mit **»PR-TF«** (Pequeño Recorrido-Tenerife, Kurzstrecke) oder **»SL-TF«** (Sendero Local-Tenerife, lokaler Weg) und einer Nummer gekennzeichnet. Eine Übersichtskarte der markierten Wege mit detaillierten Beschreibungen der beliebtesten Routen erhält man bei den Büros der Touristeninformation sowie unter www.webtenerife.com.

Nicht wenige Touristen neigen dazu, die Herausforderungen – etwa Steigungen, Geröll, steile Abgründe am Wegesrand oder wechselhaftes Klima – zu unterschätzen. Es gilt, die Touren gut vorzubereiten, passende Kleidung (inkl. Wanderstiefel) zu tragen, für ausreichend Getränke zu sorgen und ein Handy dabeizuhaben.

Zahlreiche Veranstalter bieten geführte Wanderungen an. Empfehlenswert sind etwa **Anaga Experience**, Tel. 690369089, www.anagaexperience.com, **El Cardón**, Tel. 922127938, www.elcardon.com und **Gaiatours**, Tel. 922355272, www.gaiatours.es.

Ausführliche Infos finden Wanderer auf der Seite www.tenerifeon.es des Cabildo de Tenerife (Inselverwaltung).

Strom und Steckdose

Das spanische Stromnetz wird wie in Deutschland mit 230 Volt betrieben. In die Steckdosen passen problemlos die üblichen Euro- und Schukostecker.

Telefon und Internet

Viele Restaurants, Hotels und Cafés bieten ihren Gästen Zugang zu einem WLAN-Netz (Spanisch: Wifi) an, in das man sich mit Kennwort einloggt. Mobile Datenverbindungen funktionieren einwandfrei, sodass man z.B. Google Maps zur Navigation nutzen kann.

Seitdem die **Roaming-Gebühren** in der EU abgeschafft wurden, gibt es für EU-Staatsbürger keinen Grund mehr, nicht das eigene Handy zu benutzen. Wer einen deutschen Mobilfunkvertrag hat, zahlt für Gespräche von Spanien nach Hause oder auch innerhalb Spaniens dasselbe wie für Gespräche innerhalb Deutschlands.

Festnetz-Telefonnummern auf Teneriffa beginnen mit 922, diese Vorwahl muss immer mitgewählt werden. Spanische **Handynummern** beginnen mit einer 6. Beim Anruf mit dem deutschen Handy bei einer spanischen Nummer die Landesvorwahl nicht vergessen!

Internationale Vorwahlen:

- Spanien 0034
- Deutschland 0049
- Österreich 0043
- Schweiz 0041

Trinkgeld

In Cafés, Bars und Restaurants sind bei gutem Service 5 bis 10% Trinkgeld angemessen. Es ist üblich, dass die Bedienung zunächst das volle Wechselgeld auf einem Tellerchen bringt. Auf dem Teller lässt man dann das Trinkgeld liegen. Die in Mitteleuropa verbreitete Angewohnheit, der Bedienung einen Betrag zu geben und zu sagen: »Stimmt so« oder »Fünf Euro zurück, bitte«, gilt in Spanien als unhöflich.
Taxifahrer bekommen in der Regel kein oder nur sehr wenig Trinkgeld, man rundet den Rechnungsbetrag bestenfalls geringfügig auf.

Umgangsformen

Obwohl sie sich an den Anblick »seltsam« gekleideter Touristen gewöhnt haben, können sich die Einheimischen manchmal ein Lächeln nicht verkneifen, wenn Frauen im Strandkleid oder Männer in Wandersandalen durch die Städte schlendern. Tinerfeños kleiden sich gern ordentlich und stilvoll. Wer eine Stadt wie La Laguna oder Santa Cruz besucht, fällt am wenigsten auf, wenn er Kleidung wählt, die er auch im sommerlichen München, London oder Rom tragen würde.
Beim Besuch von christlichen **Kirchen** ist es angemessen, die Schultern zu bedecken und keine sehr kurzen Shorts oder Röcke zu tragen. Telefonate oder laute Gespräche werden in Kirchen nicht akzeptiert.
FKK ist an tinerfenischen Stränden unüblich. Es gibt sehr wenige Ausnahmen, etwa die Playa de Benijo bei Taganana (S. 99) oder die Playa de la Tejita südlich von El Médano (S. 156). An den Stränden, die überwiegend von ausländischen Touristen besucht werden, sonnen sich allerdings immer mehr Frauen ohne Oberteil.
Dass **Kinder** laut sind und gern herumtoben, gilt auf Teneriffa als völlig normal. Ob am Strand, im Treppenhaus der Feriensiedlung oder im Restaurant: Kinder dürfen Krach machen, und wer sich darüber beschwert, erntet verständnislose Blicke.
Gegenüber älteren Menschen verhält man sich möglichst respektvoll, lässt ihnen den Vortritt, hält die Tür auf usw.

Unterkunft und Hotels

Hotels und Urlaubsresorts

Auf der Insel gibt es drei Arten von Hotels: erstens **Stadthotels**, die sich überwiegend an Geschäftsreisende wenden, aber auch für Touristen interessant sein können (v.a. in Santa Cruz). Zweitens Hotels in **historischen Häusern** – das können alte Adelspaläste in Städten und Dörfern sein (z.B. in La Laguna, Garachico) oder alte Gutshäuser auf dem Lande (Fincas). Die meisten dieser Unterkünfte fallen in die spanische Kategorie »casas rurales« (Ländliche Häuser). Drittens **Urlaubshotels und -anlagen**. Sie machen den

größten Teil aus und befinden sich in und um Puerto de la Cruz sowie an der Westküste und im Süden.
Während früher preiswerte Häuser und Mittelklassehotels vorherrschten, setzen die Hoteliers seit vielen Jahren verstärkt auf den Luxustourismus. In der letzten Zeit sind fast nur noch Fünf-Sterne-Hotels entstanden, viele weitere sollen in den kommenden Jahren eröffnen. Auch das Segment der Hotels nur für Erwachsene ist erfolgreich und wird weiter ausgebaut.
Der Hotelstandard auf Teneriffa ist hoch, schon drei Sterne stehen für recht viel Komfort, und was auf Teneriffa vier Sterne hat, würde anderswo zum Teil fünf bekommen.
Oft ist es preiswerter, eine **Pauschalreise** mit Flug, Transfer und Hotel zu buchen als die drei Bausteine einzeln. Ein und dasselbe Hotelzimmer kann über einen Veranstalter deutlich weniger kosten als bei der Direktbuchung.

Apartmentanlagen und Ferienwohnungen

Die Auswahl an **Apartmentanlagen** ist sehr groß und wird intensiv genutzt, viele Urlauber haben gern eine eigene Küche, Wohn- und Schlafzimmer, sind aber auch froh über Gemeinschaftsanlagen (Swimmingpools usw.) und Serviceleistungen wie in Hotels. Solche Apartments bucht man am besten über Reiseveranstalter.
Sehr zahlreich und stetig wachsend ist daneben das Angebot an privat vermieteten **Ferienwohnungen**, die oft weniger kosten. Buchbar sind sie über Online-Portale wie www.fewo-direkt.de, www.casamundo.de oder www.airbnb.de. Man bedenke jedoch, dass insbesondere Airbnb-Wohnungen keiner Kontrolle unterstehen und häufig schwarz vermietet werden. Wenn Vermieter keine Steuern zahlen, nutzen die Urlauber eine Insel-Infrastruktur, zu deren Finanzierung sie nicht beitragen.

Camping

Campingplätze im nord- und mitteleuropäischen Sinne sind auf Teneriffa selten. Es gibt kleine, kostenlose Zeltplätze, sog. Zonas de acampada (teils ganz ohne Infrastruktur, teils mit Wasseranschluss und WCs) in Bergen und Wäldern, meist in Kombination mit Grill- und Picknickplätzen. Sie werden meist von Einheimischen an Wochenenden genutzt. Im Süden hat Camping Nauta den üblichen Standard (Tel. 922 78 51 18, www.campingnauta.com), ebenso Camping Montaña Roja (Tel. 601 63 66 94, www.campingmontañaroja.es). Bei beiden können auch Hütten gemietet werden. Camping Punta del Hidalgo im Nordosten richtet sich mit Öffnungszeiten nur am Wochenende vorwiegend an Einheimische (Tel. 629 13 92 03, www.campingdelalaguna.com).

Ausführliche Informationen zum Hotelangebot in den einzelnen Regionen mit Preiskategorien finden Sie am Ende jedes Kapitels dieses Reiseführers.

Verkehrsmittel auf der Insel

Busse und Straßenbahn

Öffentliche Busse heißen auf Teneriffa »guaguas«, das Busunternehmen **Titsa**. Es ist üblich, ein Handzeichen zu geben, dass man mitfahren möchte. Das **Busnetz** ist sehr dicht, die Frequenz der Verbindungen hoch. Auch an entlegene Strände, in kleine Dörfer oder zur Teide-Seilbahn fahren Busse. Ebenso bedient Titsa den Busverkehr innerhalb von Santa Cruz. Einzelfahrkarten kauft man beim Fahrer (keine Scheine über 10 €), wer öfters fährt, kommt mit der Ten + Karte günstiger weg (siehe ADAC Spartipp S. 123). Fahrpläne aller Linien sind kostenlos an den Busbahnhöfen erhältlich, z. B. in folgenden Orten:

- Santa Cruz, Intercambiador, Avenida Victor Zurita Soler
- La Laguna, Intercambiador, Avenida Ángel Guimerá Jorge
- Costa Adeje, Estación de Guaguas, Avenida de los Pueblos 1
- Los Cristianos, Estación de Guaguas, Avenida Juan Carlos I

Mehr Infos und alle Fahrpläne auch unter www.titsa.com oder mittels QR-Code an den Haltestellen, Fahrplanaushänge gibt es nicht mehr. Im Großraum Santa Cruz/La Laguna gibt es auch zwei **Straßenbahnlinien**, die modernen Bahnen sind die schnellste Verbindung zwischen den Zentren beider Städte. Infobüros von Metrotenerife gibt es in Santa Cruz am Busbahnhof, in La Laguna an der Avenida la Trinidad, www.metrotenerife.com.

Mietwagen

An den Flughäfen, in den Städten und Touristenzentren sind zahlreiche große internationale Autovermieter vertreten. In den meisten Fällen ist es viel preisgünstiger, Mietwagen im Voraus von zu Hause aus zu buchen (direkt bei internationalen Vermietern oder über Agenturen im Reisebüro oder im Internet), als spontan auf Teneriffa einen Wagen zu mieten. Vollkaskoversicherungen sind empfehlenswert, aber teuer. Gute Alternativen bieten Agenturen, die im Schadensfall die Selbstbeteiligung übernehmen (z. B. Sunny Cars, Auto Europe).

Taxis

Taxis sind zuverlässige und relativ preisgünstige Verkehrsmittel z. B. für Strecken innerhalb von Santa Cruz, Puerto de la Cruz oder für die Fahrt von Costa Adeje nach Los Cristianos. Ein Taxi zu rufen, lohnt sich meist nicht, besser hält man einen Wagen an der Straße an oder geht zu einem der vielen Taxistände. Die Preise variieren je nach Wochentag und Tageszeit. Der Grundpreis liegt bei ca. 3,50 €, der Preis pro Kilometer bei ca. 1,30 €.

Alle Taxis verfügen über Taxameter, für längere Fahrten kann man vorab einen Festpreis vereinbaren.

Die Fahrt vom Flughafen Teneriffa-Süd nach Santa Cruz kostet etwa 100 €, nach Los Cristianos etwa 40 €.

Zeitverschiebung

Teneriffa liegt in der westeuropäischen Zeitzone, es ist dort ganzjährig eine Stunde früher als in Deutschland (Winter- und Sommerzeit). Wer nach Teneriffa reist, muss seine Uhr also um eine Stunde zurückstellen.

Zollbestimmungen

Die Kanarischen Inseln gehören zwar zur EU, doch es wird weder Mehrwert- noch Genusssteuer erhoben. Deshalb dürfen auf den Inseln erworbene Produkte nur in begrenztem Maße in andere Länder eingeführt werden.

Folgende Waren darf ein Erwachsener zollfrei aus dem Urlaub nach Hause mitnehmen: 1 l Spirituosen (mehr als 22 % Alkohol) oder 2 l alkoholische Getränke mit bis zu 22 % Alkohol, 4 l nicht schäumender Wein, 16 l Bier und 200 Zigaretten sowie andere Waren im Gesamtwert von 300 €.

Die Geschichte Teneriffas

1. Jh. n. Chr. Der römische Geschichtsschreiber Plinius berichtet von einer Expedition auf die Kanaren – das erste schriftliche Zeugnis über die Inseln.

14. oder 15. Jh. Ureinwohner finden eine schwarze Marienstatue am Strand. Später wird die Jungfrau von Candelaria zur Schutzheiligen der Kanaren.

Ab 1402 Eroberung durch die Spanier. Teneriffa ist von Guanchen bewohnt, ihren neun Stammesgebieten stehen neun Menceyes vor. Ihre Kultur entspricht etwa der europäischen Steinzeit.

1496 Als letzte Kanarische Insel fällt Teneriffa der Spanischen Krone zu. Gründung der Hauptstadt La Laguna.

17./18. Jh. Wiederholt greifen britische Truppen Santa Cruz an, um Teneriffa für das Vereinigte Königreich zu unterwerfen. Als letzter wagt im Jahr 1797 Admiral Horatio Nelson eine Attacke, er erlebt eine verheerende Niederlage.

1706 Garachico wird beim Ausbruch des Vulkans Trevejo unter Lava begraben.

1792 Gründung der staatlichen Universität von La Laguna.

1833 Santa Cruz de Tenerife wird Hauptstadt aller Kanarischen Inseln.

Ende des 19. Jh. Puerto de la Cruz wird beliebtes Reiseziel britischer Kurgäste.

1909 Letzter Vulkanausbruch auf Teneriffa (Vulkan Chinyero bei Santiago del Teide). Es gibt keine Todesopfer.

1927 Die Kanarischen Inseln werden in zwei Provinzen unterteilt, Hauptstädte sind Las Palmas de Gran Canaria und Santa Cruz de Tenerife.

1936 Unter Führung von Francisco Franco, Militärgouverneur der Kanarischen Inseln mit Sitz auf Teneriffa, beginnt der Spanische Bürgerkrieg. Die Putschisten erobern die spanische Kolonie Marokko und die Kanarischen Inseln, bevor sie die Iberische Halbinsel angreifen. Als Diktator regiert Franco das Land bis zu seinem Tod 1975.

Ab 1960–1970 Beginn des Badetourismus, Hotels entstehen im Inselsüden.

1973 Drei Strände mit dunklem Sand bei San Andrés nahe Santa Cruz werden vereint und mit Sahara-Sand in die Playa de las Teresitas verwandelt.

1999 Die UNESCO nimmt die Altstadt von La Laguna ins Weltkulturerbe auf.

2007 Der Parque Nacional del Teide wird UNESCO-Weltnaturerbe.

2020 3,8 Mio Gäste besuchten die Kanarischen Inseln. 2019 waren es noch rund 14 Mio. Doch der Markt erholt sich, 2022 kamen schon wieder 12,6 Mio.

2022 Am Flughafen Teneriffa Süd wird ein neues Terminal eröffnet.

2023 Im August verbrannte zwischen La Laguna und dem Nationalpark eine Fläche von fast 15 000 ha bewaldetem Gebiet. Es war einer der größten Brände der vergangenen Jahrzehnte.

Der Jungfrau von Candelaria wird eine Vielzahl von Wundern zugeschrieben

Spanisch für die Reise

Das Wichtigste in Kürze

Ja/Nein	*sí/no*
Bitte/Danke	*por favor/gracias*
Hallo!/Auf Wiedersehen!	*¡Hola!/¡Adiós!*
Guten Morgen!	*¡Buenos días!*
Guten Abend!/Gute Nacht!	*¡Buenas tardes!/¡Buenas noches!*
Mein Name ist ...	*Me llamo ...*
Entschuldigung!	*¡Perdón!*
Achtung!/Vorsicht!	*¡Atención!/¡Cuidado!*
Ich verstehe Sie nicht.	*No les entiendo.*
Wie viel kostet das?	*¿Cuánto cuesta?*
Damen/Herren	*Señoras/Señores*
geöffnet/geschlossen	*abierto/cerrado*
gestern/heute/morgen	*ayer/hoy/mañana*
Wie viel Uhr ist es?	*¿Qué hora es?*
Wo ist ...?	*¿Dónde está ...?*
Wie weit ist das?	*¿A qué distancia está?*
Ist das der Weg nach ...?	*¿Es éste el camino a ...?*
Nord/Süd/West/Ost	*norte/sur/oeste/este*
Ich möchte ...	*Quisiera ...*
Die Rechnung, bitte!	*¡La cuenta, por favor!*
Restaurant	*restaurante*
Auto	*coche*
Tankstelle	*gasolinera*
Super/bleifrei/Diesel	*gasolina súper/gasolina sin plomo/diésel*
Panne	*avería*
Hilfe!	*¡Ayuda!/¡Socorro!*
Fahrrad	*bicicleta*
(Haupt)bahnhof	*estación de RENFE*
Busstation	*estación autobuses*
Flughafen	*aeropuerto*
Pass/Personalausweis	*Pasaporte/Documento Nacional de Identidad (D.N.I.)*
Bank/Geldautomat	*banco/cajero automático*
Arzt	*médico*
Apotheke	*farmacia*
Supermarkt	*supermercado*
Tourismusbüro	*oficina de turismo*

Wochentage

Montag/Dienstag	*lunes/martes*
Mittwoch	*miércoles*
Donnerstag	*jueves*
Freitag/Samstag	*viernes/sábado*
Sonntag	*domingo*

Monate

Januar/Februar	*enero/febrero*
März/April	*marzo/abril*
Mai/Juni	*mayo/junio*
Juli/August	*julio/agosto*
September/Oktober	*septiembre/octubre*
November	*noviembre*
Dezember	*diciembre*

Zahlen

1	*uno*	8	*ocho*
2	*dos*	9	*nueve*
3	*tres*	10	*diez*
4	*cuatro*	11	*once*
5	*cinco*	12	*doce*
6	*seis*	100	*cien, ciento*
7	*siete*	1000	*mil*

Hinweise zur Aussprache

c	vor ›a, o, u‹ wie ›k‹, Bsp.: casa, caja
c	vor ›e‹ und ›i‹ ähnlich dem englischen ›th‹, Bsp.: gracias
ch	wie ›tsch‹, Bsp.: leche
g	vor ›e‹ und ›i‹ wie ›ch‹, Bsp.: gente
gue, gui	wie ›ge, gi‹, also mit stummem ›u‹, Bsp.: guitarra, guiso
h	ist immer stumm, Bsp.: hombre
j	wie ›ch‹, Bsp.: jamón
ll	wie ›lj‹, Bsp.: tortilla
ñ	wie ›nj‹, Bsp.: niño

Register

Bildnachweis

Titel: Playa de las Teresitas bei San Andrés im Nordosten Teneriffas
Foto: **Shutterstock.com** (Balate Dorin)
Rücktitel: Im Teide-Nationalpark
Foto: **stock.adobe.com**

Alamy Stock Photo: imageBROKER 110/111 – **Bildagentur Huber:** R. Schmid 7.2, 12/13, 14/15, 76, 127, 148; A. Piai 80/81**;** J. Richter 129 – **El Rincón de Juan Carlos:** 62.2 – **Hard Rock Hotel Tenerife:** 159 – **Hotel Rural Finca Salamanca:** 107– **Huber Images:** Tim Mannakee 3.1 – **imago-stock.com:** imagebroker 137; OceanPhoto 161.1 – **Jahreszeiten Verlag:** G. Lengler 65 – **laif:** P. Royer/Gamma-Rapho 192.1 – **Lookphotos:** T. Stankiewicz 62.1, 102 – **mauritius images:** Prisma/K. Kreder 27; P. Forsberg/People/Alamy 32; M. Siepmann 41; M. Runkel 44; K. Neuner 60.2, G. Balfour Evans/Alamy 62.3, P. Forsberg/Shopping/Alamy 63.3, imageBROKER/U. Kraft 75, islandstock/Alamy 94, A. Victor/Alamy 121, M. Bilbao Gorostiaga-Travels/Alamy 122, hotelpix/Alamy 131, age fotostock/J. C. Muñoz 134, R. Hamilton/Alamy 145.2, M. A. Doe/Alamy 154, H.-P. Merten 168, Westend61/W. G. Allgöwer 184, J. Legge/Alamy 192.2, imageBROKER/I. Schulz Klappe vorne.1 – **picture alliance:** imageBROKER/V. Wolf 30; Bildarchiv Monheim/P. Eberts 40, Dumont Bildarchiv/H. Zaglitsch 42, 43; Heritage Images/The Print Collector 45; Juergen/Timeline Images 46– **Restaurante Finca Salamanca:** 62.2 – **Shutterstock.com:** Christopher Moswitzer 2; Henner Damke 2/3; Ninafotoart 3.2; B. Lyjak 7.1; O. Tur 8.1; Neirfy 8.2, 10/11, 61.3; sonnenflut products 8.3; P. Kazmierczak 9, 34, 91, 109.1, 126, 143; D. Eagle Orlov 11; Mistervlad 16/17; S. Aznar 18; Vladimir970 19; V. Rauch 20; R. Maximiliane 21; S. Aznar 22, 25, 26, 88; haraldmuc 23; hanohiki 24; S. Kohl 28; O. Znamenskiy 29; NadyaEugene 31; R. Williamson 33; vasanty 35; Svetography 36; Darios 37; nito 38, 73, 162; KarSol 39; P. Diaz 47; L. Szirtesi 48, 52; bondvit 49; L. de la Rosa 51; Tupungato 54; alexilena 55; Copula 56; K. Eaves 58/59; S. Rodriguez 61.2, 63.1; A. Trejo 66/67; P. Lange 79, 176; MarKord 85; Olga_Anourina 86; GagliardiImages 92, 141; T. Popova 98, 100, 161.3; K. Kozlowski 104/105, 133.3; phortun 109.2; rob3rt82 115; Betelgejze 116/117; A. Polo 119; P. Bird 133.1; GracefulFoto 133.4; darios 145.1; N. Alexander 147; A. Todorovic 151; Pecold 152; underworld 157; Ninafotoart 161.2; Maridav 167; P. Lange 176 – **stock.adobe.com:** JFL Photography 6/7; S. Rodríguez 97; vallefrias 99; C. Musat 103; Manfred 124; A. Lurye 136; daliu 138

ADAC

Markenlizenz der ADAC Medien und Reise GmbH, München

ISBN 978-3-95689-882-2

1. Auflage 2024

Autoren: Nele-Marie Brüdgam, Oliver Breda
Redaktion: Juliane Helf, Susanne Kronester-Ritter
Lektorat: Beate Martin
Satz: Ewald Tange, tangemedia, München
Bildredaktion: Iris Kaczmarczyk, Dr. Nafsika Mylona
Reihengestaltung: Eva Stadler, München; Independent Medien Design, Horst Moser, München
Kartografie: Kunth Verlag GmbH Co. KG, München, Huber Kartographie GmbH, www.kartographie.de
Herstellung: Felix Robitsch, Mendy Willerich
Druck und Bindung: Drukarnia Dimograf Sp z o.o. (Polen)

GRÄFE UND UNZER

Ein Unternehmen der
GANSKE VERLAGSGRUPPE

Wichtiger Hinweis
Die Daten und Fakten für dieses Werk wurden mit äußerster Sorgfalt recherchiert und geprüft. Wir weisen jedoch darauf hin, dass diese Angaben häufig Veränderungen unterworfen sind und inhaltliche Fehler oder Auslassungen nicht völlig auszuschließen sind. Für eventuelle Fehler oder Auslassungen können Gräfe und Unzer, die ADAC Medien und Reise GmbH sowie deren Mitarbeiter und die Autoren keinerlei Verpflichtung und Haftung übernehmen. Alle Inhalte im Buch wenden sich an und gelten für alle Geschlechter (w/m/d). Soweit grammatikalisch männliche, weibliche oder neutrale Personenbezeichnungen verwendet werden, dient dies allein der besseren Lesbarkeit.

Ansprechpartner für den Anzeigenverkauf:
KV Kommunalverlag GmbH & Co. KG, MediaCenter München, Tel. 089/928 09 60

Bei Interesse an maßgeschneiderten B2B-Produkten:
b2b-kontakt@graefe-und-unzer.de

Leserservice
GRÄFE UND UNZER Verlag
Grillparzerstraße 12
81675 München
www.graefe-und-unzer.de

Umwelthinweis
Nachhaltigkeit ist uns sehr wichtig. Der Rohstoff Papier ist in der Buchproduktion hierfür von entscheidender Bedeutung. Daher ist dieses Buch auf PEFC-zertifiziertem Papier gedruckt. PEFC garantiert, dass ökologische, soziale und ökonomische Aspekte in der Verarbeitungskette unabhängig überwacht werden und lückenlos nachvollziehbar sind.

Unterwegs auf Teneriffa

Mietwagen

Teneriffas Straßennetz ist sehr gut ausgebaut. Die Inselbewohner haben im Allgemeinen einen angenehmen Fahrstil und nehmen Rücksicht auf Mietwagenfahrer, die sich nicht auskennen. Zu einer Herausforderung können Serpentinen und Fahrten durch die Wolken werden. Die Insel ist mautfrei, Benzin günstig.

■ Details auf S. 171 und 183

Öffentliches Busnetz

Die Verbindungen sind hervorragend, Busse des Unternehmens Titsa fahren in alle Orte der Insel, auch in kleine Dörfer, zu fast allen Stränden und in den Nationalpark.

■ Details auf S. 182

Taxi

Alle Taxis haben Taxameter, sind seriös und nicht teuer. Für Fahrten in den Städten und dem Touristengebiet im Süden sind sie gut geeignet.

■ Details auf S. 183

Organisierte Touren

Überall bieten Agenturen geführte Ausflüge an: Bootstouren, Busrundfahrten, Wanderungen und mehr. Qualität und Preise variieren stark. Verlässlich hochwertige Touren veranstaltet Volcano Teide, weitere empfehlenswerte Anbieter listet die offizielle Tourismus-Website.

■ Details unter www.volcanoteide.com/de und www.webtenerife.de

Mobil mit Handicap

Barrierefrei sind mehrere Strände, die fast 10 km lange Promenade im Süden, diverse Aussichtspunkte und manche Wanderwege. Auch zahlreiche weitere Einrichtungen nehmen Rücksicht auf Rollstuhlfahrer.

■ Details auf S. 172